普通高等学校美术学（教师教育）本科课程教材

总顾问
朱训德 尹少淳

顾问委员会
郑林生 梁 玖 杨国平 宋子正
谢丽芳 廖少华 李昀蹊 朱小林

主 编
洪 琪 谢 雳 陈卫和 孟宪文

副主编
秦 宏 冯晓阳 席卫权
黄 露 华 年 谭亚平

编 委
（以姓氏笔画排名）

王立民	王宗雪	冯晓阳	龙湘平	付宙华
华 年	曲湘建	刘永健	许长生	任 苗
向 昕	李月秋	李心生	李毅松	李尧嶷
李亚男	陈升起	陈秋伟	陈志强	陈卫和
陈志平	陈 铿	吴 猛	吴宗勤	肖丽晖
肖 飞	邹少灵	邹正犰	杨球旺	张容舟
谷利民	孟宪文	易建芳	周功华	罗湘科
洪 琪	段 鹏	段宇辉	赵正明	赵 晖
姜松荣	郝亚丽	贺 炜	贺观清	席卫权
秦 宏	秦 华	唐 杰	郭建国	黄 露
黄礼攸	黄 蓉	梁丽君	曹伟华	谢 雳
彭 飞	蒋君兰	蒋湘琴	漆跃辉	滕小松

普通高等学校
美术学（教师教育）
本科课程教材

美术教育史

A History of Art Education

编 著 / 冯晓阳

湖南美术出版社

总 序
Preface

2005年教育部印发了《关于〈全国普通高等学校美术学（教师教育）本科专业课程设置指导方案（试行）〉的通知》（教体艺〔2005〕2号），2007年又印发了《教育部财政部关于实施高等学校本科教学质量与教学改革工程的意见》（教高〔2007〕1号），但普通高等学校美术学（教师教育）本科专业的教学改革仍进展缓慢。

普通高等学校美术学（教师教育）本科专业的教学改革之难其原因何在？我们认为与以下三个方面关系甚密：

第一，固守原有教学模式，对课程改革意义认识不足是普通高等学校美术学（教师教育）本科专业改革的关键问题。教育部教体艺〔2005〕2号文件，对普通高等学校美术学（教师教育）本科专业的培养目标作了明确的定位，即"本专业培养德、智、体、美全面发展，掌握学校美术教育的基础理论、基础知识与基本技能，具有实践能力和创新精神，具备初步美术教育教学研究能力的合格的基础教育美术教师和社会美术教育工作者"。由此可见，高等院校的美术学（教师教育）专业要始终把服务基础美术教育作为办学的宗旨，充分考虑基础美术教育领域的需求，以此作为专业建设与定位的出发点和立足点，努力夯实本专业生存和发展的基础。

第二，普通高等学校美术专业教师不能适应课程改革的要求，是普通高等学校美术学（教师教育）本科专业改革的屏障。目前，普通高校美术院系的教师大多来自专业美术学院或曾受专业美术学院模式影响的师范大学，他们有较强的美术创作能力，但缺乏对基础美术教育的了解，缺乏适应新课程标准的教学知识准备。

第三，缺少与"指导方案"相匹配的教材，是制约普通高等学校美术学（教师教育）本科专业改革发展的瓶颈。专业建设关键是课程设置，而课程设置的基本要素在于教材的建设，自教育部下达《关于〈全国普通高等学校美术学（教师教育）本科专业课程设置指导方案（试行）〉的通知》（教体艺〔2005〕2号）后，尽管有部分院校进行了一些课程改革的尝试，但是在教学中只能依托东拼西凑的教材或无教材可循，大大降低了教学效能。

为了推动普通高等学校美术学（教师教育）本科专业的改革，我们联系了几所勇于改革的高校和一部分勇于挑战的教师，编写了这套《普通高等学校美术学（教师教育）本科课程教材》。本套教材以基础美术教育为纽带，在适应和贴近基础美术教育改革的前提下，对教材内容进行选择，对教材的体例进行了大胆创新，采用了单元提示、案例导入、学习内容、延伸与拓展、单元小结的结构形式。学习内容分技能、理论两类课程展开，技能类包括兴趣激发、尝试练习、原理呈现、实践领会，理论类包括兴趣激发、引发讨论、知识呈现、思维拓展。在延伸与拓展中有知识点击、思考练习、学习研究、相关文献，旨在拓展知识，启发学生的思维。

本套教材的推出，属一家之言，难免出现错误，还望老师和同学们多提宝贵意见，如果本套教材有助于普通高等学校美术学（教师教育）本科专业的改革，便是我们最大的欣慰。

湖南理工学院美术学院院长　洪琪教授

2010 年 7 月 8 日

目录
Contents

当作者开始计划本书的写作时，"一切真历史都是当代史"① ——贝奈戴托·克罗齐 [Benedetto Croce，1866—1952]（图1）提出的这样一个命题，以一种不期而遇但在其后的日子里却深深触动了本书作者心意的方式，成为了本书写作构思的基础。

"编年史与历史之得以区别开来并非因为它们是两种互相补充的历史形式，也不是因为这一种从属于那一种，而是因为它们是两种不同的精神态度。"②

以本书作者的理解，贝奈戴托·克罗齐之所以要在《历史学的理论和实际》一书的开篇即将"编年史"和"历史"予以区分，其用意在于强调任何一部"历史"中，都应有"历史学家"的"思想活动"的渗入。至于"历史学家"的"思想活动"，则无疑是属于当代的。因为，"显而易见，只有现在生活中的兴趣方能使人去研究过去的事实。因此，这种过去的事实只要和现在生活的一种兴趣打成一片，它就不是针对一种过去的兴趣而是针对一种现在的兴趣的"③。也因此，"不论那种历史是几千年前的还是不到一小时前的。……假如真是一种历史，亦即，假如具有某种意义而不是一种空洞的回声，就也是当代的"④。

由此出发，在这样一本有关美术教育历史研究的书中，作者将努力尝试以美术教育价值取向的不断变化作为"思想活动"的主线，试图说明人类历史上某一时间、某一空间的美术教育实践是如何通过求同或求异的原则，而与另一时间、另一空间的美术教育实践发生联系的。具体来说，这种联系被概括为了三个传统：其一，教化与共性的培养；其二，表现与个性的发扬；其三，谋生与利益的实现。

当然，还有一个不可或缺的概括的前提，如贡布里希 [E. H. Gombrich，1909—2001]所言："搞艺术史的人和一切使用语言的人一样，得承认分类法是一件必不可少的工具，尽管它也可能是一种必不可少的祸害。只要他任何时候都不忘记，分类就像整个语言一样，是人为的东西，是可以调整可以改变的，那么，分类就能够在日常研究工作中很好地为他服务。"⑤

图1_贝奈戴托·克罗齐

需要说明的是，决定采取如此一种写作构思，在一些目

① [意]贝奈戴托·克罗齐. [英]道格拉斯·安斯利, 英译, 傅任敢, 译. 历史学的理论和实际. 北京: 商务印书馆, 1982: 2.
② [意]贝奈戴托·克罗齐. [英]道格拉斯·安斯利, 英译, 傅任敢, 译. 历史学的理论和实际. 北京: 商务印书馆, 1982: 8.
③ [意]贝奈戴托·克罗齐. [英]道格拉斯·安斯利, 英译, 傅任敢, 译. 历史学的理论和实际. 北京: 商务印书馆, 1982: 2.
④ [意]贝奈戴托·克罗齐. [英]道格拉斯·安斯利, 英译, 傅任敢, 译. 历史学的理论和实际. 北京: 商务印书馆, 1982: 1~2.
⑤ 范景中. 艺术与人文科学: 贡布里希文选. 杭州: 浙江摄影出版社, 1989: 105.

光敏锐、值得尊敬的读者看来，可能已给本书造成不容忽视的遗憾——书中将无法像其他某本相似主题的著作中一般，呈现出一页页详尽的人名、时间、地点和事迹。这在很大程度上应该归因于本书的定位：首先，笔者立足于为那些刚刚对美术教育历史产生兴趣的读者，提供一个总体的认识与印象，或者说，为其将来能够阅读目标更高、更专业的著作，作一个铺垫。其次，从积极的方面考虑，笔者实在不希望见到，读者那宝贵的好奇心，因为早早出现的记忆负担而黯然消逝。

  "当我们乍一接触无限时，无限就变大了，它对我们是没有用处的；它只会使我们望而生畏。……所以，即使无限的历史之全部特定的无限事物能给我们的欲望以满足，我们所该做的也只有从我们的心中把它们清除出去，忘掉它们，而只聚精会神于与一个问题相适应和构成活生生的积极历史、即当代史的某一点上。" ①

  上述一段言辞恳切的话语，不应当被视为借以逃避辛勤工作的理由。

① [意]贝奈戴托·克罗齐, [英]道格拉斯·安斯利, 英译, 傅任敢 译. 历史学的理论和实际. 北京: 商务印书馆, 1982: 37.

导论："魅力的技艺建筑于技艺的魅力"——美术教育的起源

美术教育的起源与美术的起源可谓息息相关，难分先后。

有关美术的起源，学界已经有了种种的研究与推断，诸如模仿说、情感和思想交流需要说、劳动说、游戏说、巫术说、季节变换符号说等等，[①]每种学说都有其独到与合理之处，也因此在美术的起源问题上，至今人们都无法得出一个纯粹、单一的答案，而只能是倾向于一种多元论的解释。但无论美术最终起源于何时何地，因何而起，有一个事实却是可以肯定的，那便是美术的产生必须建立在一定的工具和美术技艺基础之上。而美术若是要得到发展与延续，那么，美术技艺的进步及对美术技艺的传承便是必不可少的，这样，便出现了一种新的人类活动与人类社会现象——美术教育。可以说，美术技艺的出现与进步促生了最初的美术教育。

当然，人类美术教育发展的历程中，有关于"美术技艺"概念的界定和范畴，随着时代与"美术"概念的变化也同样处在一个不断变化的进程中。

所谓"美术技艺"，最初的阶段，可能是用兽毛或是茅草蘸着动物脂肪与有色土的混合物，在光线幽暗的洞窟石壁上画出个大致的野牛模样；其间的某个阶段，则可能是以"外师造化，中得心源"的体会，于画绢上呈现出一座气势逼人的大山，或者是栩栩如生地用画笔为我们记录下一位美貌妇人的神秘微笑；而现在，一件出自某位淳朴少年的信手之作，亦可能让许多欣赏者由衷叹服其中"美术技艺"的妙趣。（图2~图5）

关于"美术技艺"，不得不提到的还有一位名叫马塞尔·杜尚[Marcel Duchamp，1887—1968]的艺术家和他那有名的作品《泉》——一个被翻转九十度，并且签上了"R. Mutt 1917"字样的小便器。其中是否有技艺？技艺又何在呢？如果我们接受《泉》是一件美术作

图2_溪山行旅图_[北宋]范宽

图3_《蒙娜丽莎》_[意]列奥纳多·达·芬奇

图4_湖南湘西土家族苗族自治州腊尔山区的一次美术作品展

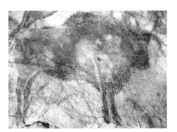
图5_原始洞窟壁画

---

① 朱狄. 艺术的起源. 北京: 中国社会科学出版社, 1982: 95~172.

品，那么其中当然有"美术技艺"！只是，这种"美术技艺"几乎不与"动手"发生联系，而更多地体现为"动脑"和"动口"。譬如针对"R. Mutt"字样签名的一种解读：

如果我们把签名中的大写和小写字母分开，我们就会得到"R.M"和"utt"两个部分，"R. M"代表英文"readymade"（现成物），即是作品《泉》本身，而大声念出"utt"时，听起来像是法文"eut été"（曾经是），合起来的意思就是"曾经是现成物"。（图6）

如此殚思极虑的"动脑"与"动口"，又何尝不是一种技艺呢？时至今日，"美术技艺"已不再被简单地理解为某种狭义的，局限于与"动手"发生联系的技术、技法、技巧，其所指的范围与含义已是远为广阔而丰富。

在一篇题为《魅力的技艺与技艺的魅力》（"The Technology of Enchantment and the Enchantment of Technology"）[1]的文章中，阿尔弗雷德·格尔[Alfred Gell，1945—1997]曾以部落艺术为例，论证强调了"艺术"（包括"美术"）[2]与"技艺"之间的联系——作为一种"技艺系统"的"艺术"（图7、图8）。而倘若是将其意义延伸，则我们不妨将美术教育称之为：一种有关"技艺系统"的系统。

"魅力的技艺建筑于技艺的魅力"——这应该是美术教育的起源及其最初的价值取向，却不仅仅只是美术教育的起源和其最初的价值取向。

图6_泉_[法]杜尚

图7、图8_阿尔弗雷德·格尔的研究对象——西南太平洋岛礁地区的部落艺术

① http://proteus.brown.edu/materialworlds/admin/download.html?attachid=1108595
② 注：就目前国内学界的一般认识，"艺术"与"美术"这两个概念应该还是有所区分的，其中作为下位概念的"美术"是从属于"艺术"的，但在国内的一些著述，特别是译著中，"艺术"与"美术"两个概念却存在着不同程度的混淆现象。而在本书以下的行文中，考虑到与某些具体引文中所出现的名为"艺术"实为"美术"现象的"兼容"问题，在一些局部亦将不得不沿袭这种以"艺术"之名行"美术"之实的"惯例"。

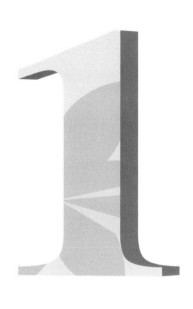

第一单元
教化与共性的培养

单元提示

  "教化"一词，在《辞源》中的解释有两种：一是"政教风化"，二是"教育感化"。显然，是与某种政治规范、宗教信仰、道德意识的宣扬与维护紧密联系在一起的。

  作为一种美术教育价值取向传统，本书此处所指"教化"，包括了两方面的含义：其一，指在美术教育实践活动中，借助于某种特定内容、形式、风格的美术作品展示与欣赏，或是通过某种特定美术文化环境、背景的创设，来达到和实现对一定政治规范、宗教信仰、道德意识的宣扬与维护之目的；其二，指在美术技艺的传承过程中，直接以某种特定的艺术趣味、创造意识、创作样式为"共性"来规定美术技艺传承的内容，即所谓"共性的培养"。

第一讲　法老的威严

兴起于尼罗河畔的古埃及王国，是人类历史上最早建立的奴隶制国家之一，拥有无上权威的法老是国家的最高统治者。古埃及人相信，人死后其灵魂若要在冥界继续生存，有一个得到完好保存的躯体将十分重要。因而，法老和他那些大大小小的权贵臣僚们都非常重视对其死后躯体停留之所——陵墓的安排与建设。这其中，又以法老为甚，那或是以高耸入云的金字塔外形矗立于茫茫大漠（图1-1），或是默默掩藏于峡谷深山的法老墓室，往往被装饰、布置得富丽堂皇、神秘而奢华，而我们后世对古埃及王国艺术的许多直接认识与体验，也都来自于此。

若论古代埃及艺术留给后世印象最为深刻的一点，那便是——"在三千多年里，埃及艺术几乎没有什么变化。金字塔时代认为美好的东西，千年之后，照样认为超群出众。不错，有新样式的出现，也有新题材要求艺术家去表现，但是他们表现人和自然的方法，本质上还是一如既往。"①之所以会如此，除了古代埃及人崇尚永恒，天性不喜欢变化的解释外，恐怕与一种有关

图1-1_金字塔

美术教育价值取向的"教化"传统的形成及其借助于法老的权势与意志，在古代埃及美术教育实践活动中得以切实有效地贯彻与执行不无关系。

当人类社会的发展告别"原始共产主义阶段"，进入阶级社会——奴隶社会后，一种于早期人类各民族中间普遍存在的对于图像威力的崇拜和信仰，一定大大影响和启发了新兴的奴隶主权贵阶层，作为一种必要的、加强和巩固其统治的措施与手段，统治者无疑需要对图像所具有的巨大的威力（在那样的一种历史情境中，这种威力的确是可以用"巨大"来形容的）加以利用和控制——那就是通过美术教育这种活动或是社会现象，一方面去积极地宣扬、贯彻某种"政教风化"；另一方面则是在"美术技艺的传承"基础之上来实现对艺术家个体的艺术趣味、创造意识、创作样式、风格等诸方面"共性"的培养与规范，以促成某种特定美术文化氛围的形成并保证其发展和延续的长久与稳定。

对此，贡布里希曾经描述道："埃及风格是由一套很严格的法则构成的，每个艺术家都必须从很小的时候就开始学习。坐着的雕像必须把双手放在膝盖上；男人的皮肤必须涂得比女人的颜色深；每一位埃及神的外形都有严格的规定：太阳神荷拉思必须表现为一只鹰，或者要有一个鹰头，死神阿努比斯必须表现为一只豺，或者要有一个豺头。每个艺术家还得练出一手优美的字体。他得把象形文字的图形和符号清楚无误地刻在石头上。但是，他一旦掌握了全部规则，也就结束了学徒生涯。谁也不要求什么与众不同的东西，谁也不要他'创新'[be 'original']。相反，要是他制作的雕像最接近人们所备加赞赏的往日名作，他大概就被看作至高无上

---

① [英]贡布里希. 范景中, 译. 艺术发展史——"艺术的故事". 天津: 天津人民美术出版社, 1998: 34.

图1-2_拉美西斯神殿

图1-3_纳美尔石板

的艺术家了。"①（图1-2）

　　而作为一种在法老权威笼罩之下"教化"的结果，我们将毫不奇怪地发现，古代埃及艺术中的种种形象、寓意、法则，往往或近或远、或彰显或隐晦地与法老"天赋威严在我"的光荣与伟大发生着联系。

　　譬如这样一块为了颂扬传说中埃及第一王朝创始人纳美尔[Narmer]功业而作的盾形石板浮雕，其中孰为成王，孰为败寇；孰为天生贵种，孰又为卑贱小民，可谓是一目了然。（图1-3）

●延伸与拓展

一、知识点击

1.拉美西斯神殿

拉美西斯神殿系为公元前13世纪古代埃及法老拉美西斯二世[Ramses II]而建，位于埃及南部，靠近阿斯旺[Assuan]大坝。

拉美西斯神殿的整个建筑完全依山势开凿而成，四尊代表着拉美西斯二世的巨型坐像雄立神殿大门两侧，威严而神圣。在拉美西斯神殿的附近，还有一座稍前完成，规模较小的神殿，敬奉的是拉美西斯二世生前最宠爱的王妃纳菲尔塔莉[Nefertari]。20世纪60年代，因为修建水库的缘故，两座神殿被整体搬迁抬升至现今的位置。

2.纳美尔石板

大约公元前3100年时候，上埃及法老纳美尔[Narmer]以强大的军事力量，统一了上下埃及，这块古代埃及石板上的浮雕，记载的即是此一历史性的胜利。

石板的正面：纳美尔头戴峨冠，右手执杖，左手下挥，敌人已是颓然倒地，一名仆从紧随纳美尔身后，一只象征着上埃及的鹰傲立于纸莎草顶，六枝纸莎草则寓意着六千名上埃及的战俘，底部，是已亡命的战败者形象。

石板的背面，由上至下分为三部分：上段描绘的是法老纳美尔在仪仗的簇拥下，正昂首阔步前行，敌方则是尸横遍地；中

① [英]贡布里希. 范景中，译. 艺术发展史——"艺术的故事". 天津：天津人民美术出版社，1998：34.

图1-4_《步辇图》（局部）_[唐]阎立本　　图1-5_古代埃及墓室中壁画的残片

图1-6、图1-7、图1-8、图1-9、图1-10、图1-11_ostracon

段描绘的是两只长颈相交的狮头怪兽被制伏，寓意着敌人的投降；下段则是表现法老化作神牛，奋勇冲杀、势不可挡。

二、思考练习

此处两图，一为中国唐代画家阎立本所绘《步辇图》局部（图1-4），一为某处古代埃及墓室中壁画的残片（图1-5），请仔细观察并思考，在画面人物形象之间的比例关系处理上，两图有何相似之处？其寓意何在？是否还可以找到类似的作品？

三、学习研究

在有关古代埃及的考古现场，人们曾经发现了许多刻绘有有趣图画或者文字的碎石片，这些碎石片被称之为"ostracon"，请尝试研究并探讨这些"碎石片艺术品"在历史上的可能用途及其作者。（图1-6～图1-11）

四、相关文献

1.[英]贡布里希. 范景中，译. 艺术发展史——"艺术的故事"，天津：天津人民美术出版社。

2.http://www.ancientegypt.co.uk/menu.html

第二讲　理想国

西方文明史的开端，源于那碧波荡漾的爱琴海域，克里特文明、迈锡尼文明直至辉煌的古希腊文明。在后人的记载中，古希腊时期常常会被描述为西方艺术发展历程中一段美好的"黄金岁月"，但我们却不可以为那时古希腊艺术家们的生活都如菲狄亚斯[Phidias，约公元前490—前430]一般，因为有着雅典执政官伯里克利[Pericles，约公元前495—前429]时时无微不至的关照和保护而过得幸福、惬意。（图1-12、图1-13）

古希腊时期，对艺术家及其艺术生存的最大的挑战来自于柏拉图[Plato，约公元前427—前347]。（图1-14）柏拉图的挑战包括了两个方面：

一方面，在其有名的关于神制造的床、木匠制造的床与画家制造的床的"三床之辨"中，柏拉图得出了一个结论，画家制造的床是"模仿神和木匠所制造的"①，"只是外形的模仿"②，"和真理隔着三层"③。以此推而论之，"如果艺术上的再现只是在它存在的程度和完备性上和它所再现的自然——不管是人也好，大自然也好——有所区别的话，那么，它就只能更加逊色了，因此也只能是世界上已有的事物的毫无意义的复写本"④。

另一方面，柏拉图认为在人的心中"本来就有两种相反的动机"，"人性中最好的部分"让我们服从于"理性"的指导，然则"人性中另外那一部分"，却使我们"回想灾祸，哀不自禁"，也就是"无理性"，而"最便于各种各样模仿的就是这个无理性的部分"，"达观镇静的性格常和它自己协调一致，却不易模仿，纵然模仿出

图1-12_《菲狄亚斯》_[法]安格尔_[Jean Auguste Dominique Ingres, 1780—1867]

图1-13_[英]阿尔玛·塔德玛[Lawrence Alma Tadema, 1836—1912]：《菲狄亚斯正向他的朋友们展示帕台农神殿的中楣》

来，也不易欣赏"。所以，柏拉图认为"模仿艺术家"与他们的"模仿艺术"对于城邦而言是没有意义并且有害的，应该被逐出"理想国"。因为"头一点是他的作品对于真理没有多大价值；其次，他逢迎人性中低劣的部分"，特别是考虑到"连好人们，除掉少数例外，也受它的坏影响"。⑤

当然，出于对艺术"魔力"的敬畏，柏拉图给艺术和艺术家在"理想国"中的存在还是留下了一席之地，那便是在对于年轻人的教育和培养上。"我们不是应该寻找一些有本领的艺术家，把自然的优美方面描绘出来，使我们的青年们像住在风和日暖的地带一样，四围一切都对健康有益，天天耳濡目染于优美的作品，像从一种清幽境界呼吸一阵清风，来呼吸它们的好影响，使他们不知不觉地从小就培养起对于美的爱好，并且培养起融美于心灵的习惯吗？"⑥

但作为一种交换的条件，柏拉图建议对艺术和艺术家要实行严格的审查和清洗制度。"如果有一位聪明人有本领模仿任何事物，乔扮任何形状，如果他来到我们的城邦，提议向我们展览他的身子和他的诗，我们要

---

① [古希腊]柏拉图. 朱光潜，译. 文艺对话集. 北京：人民文学出版社，1963：71.

② [古希腊]柏拉图. 朱光潜，译. 文艺对话集. 北京：人民文学出版社，1963：72.

③ [古希腊]柏拉图. 朱光潜，译. 文艺对话集. 北京：人民文学出版社，1963：74.

④ [英]鲍桑葵. 张今，译. 美学史. 桂林：广西师范大学出版社，2001：15.

⑤ 此段引用的多处文字，参见[古希腊]柏拉图. 朱光潜，译. 文艺对话集. 北京：人民文学出版社，1963：83、85.

⑥ 参见[古希腊]柏拉图. 朱光潜，译. 文艺对话集. 北京：人民文学出版社，1963：88、62.

图1-14_柏拉图

图1-15_《苏格拉底之死》_[法]达维特_[Jacques Louis David, 1748—1825]

把他当作一位神奇而愉快的人物看待，向他鞠躬敬礼；但是我们也要告诉他：我们的城邦里没有像他这样的一个人，法律也不准许有像他这样的一个人，然后把他涂上香水，戴上毛冠，请他到旁的城邦去。至于我们的城邦哩，我们只要一种诗人和故事作者：没有他那副悦人的本领却比他严肃；他们的作品须对于我们有益；须只模仿好人的言语，并且遵守我们原来替保卫者们设计教育时所定的那些规范。"在《理想国》中，当苏格拉底说完上面这一段话后，借阿德曼特之口，柏拉图然后如是宣布："如果权在我们的手里，我们一定要这样办。"①而若是将柏拉图的此种态度推及于其可能有的针对当时美术教育的价值取向，则我们可以断言，柏拉图一定会毫不犹豫地继承和发扬古埃及的"教化"传统，只不过是将法老"天赋威严在我"的"共性"换成雅典没落贵族心中的"美德"与"理性"罢了。而事实上，柏拉图也的确曾经表达了自己内心对于埃及传统的向往与推崇，在《法律篇》中，"雅典客人"便曾说道："很早以前埃及人好像就已认识到我们现在所谈的原则：年轻的公民必须养成习惯，只爱表现德行的形式和音调。他们把这些形式和音调固定下来，把样本陈列在神庙里展览，不准任何画家或艺术家对他们进行革新或是抛弃传统形式去创造新形式。一直到今天，无论在这些艺术还是在音乐里，丝毫的改动都在所不许。你会发现他们的艺术品还是按照一万年以前的老形式画出来或是雕塑出来的，——这是千真万确，决非夸张，——他们的古代绘画和雕刻和现代的作品比起来，丝毫不差，技巧也还是一样。"（这）"真符合政治家和立法者的风度！"②

柏拉图生活的时代，正是雅典社会发生着剧烈变化的一个时代，所谓"贵族党失势了，民主党当权了，旧的传统动摇了，新的风气在开始建立了"③。就连柏拉图的老师苏格拉底也被民主党势力以破坏宗教和毒害青年的"莫须有"之罪名诬陷致死。

在这样的一个时代背景之下，柏拉图始终无法将其心中与"理想国"密切相连的诸多理想付诸实践，这其中也自然包括了那可能有的关于"教化"的美术教育价值取向。然而，作为传统之链中不可或缺的关键一环，柏拉图的思想对于其后西方美术教育领域内的实践却是产生了深远的影响，并且在适宜的环境和条件下，孕育、开花、结果。（图1-15）

① 参见[古希腊]柏拉图. 朱光潜, 译. 文艺对话集. 北京：人民文学出版社, 1963：56.
② 参见[古希腊]柏拉图. 朱光潜, 译. 文艺对话集. 北京：人民文学出版社, 1963：305、306.
③ [古希腊]柏拉图. 朱光潜, 译. 文艺对话集. 北京：人民文学出版社, 1963：335、336.

●延伸与拓展

一、知识点击

1.菲狄亚斯[Phidias, 约公元前490—前430]

古希腊时代的雅典雕刻家、画家和建筑家，雅典执政官伯里克利[Pericles, 约公元前495—前429]的挚友和艺术顾问。虽然其作品皆已失传，但仍被公认为西方历史上最具盛名的古典艺术家之一。稍稍能弥补遗憾的是——留存至今的帕台农神殿[the Parthenon]装饰雕刻，据说是在菲狄亚斯主持、设计和监督之下完成。

2.柏拉图[Plato, 约公元前427—前347]

古希腊时代伟大的哲学家、思想家和教育家，出身于雅典贵族，青年时曾师从苏格拉底[Socrates, 公元前469—前399]。

苏氏死后，柏拉图云游四方，中年回到雅典，在一处被称为阿卡德米[Academy]的地方创设学园，此后执教直至逝世。

柏拉图才思敏捷，兴趣广泛，一生著述颇丰，但其主要论述多以谈话的形式记载流传下来，且往往假以苏格拉底之名，因此后世亦常常为难于区分二人思想学说之归属。

3.苏格拉底[Socrates, 公元前469—前399]

西方哲学的奠基者，古希腊时代伟大的哲学家、思想家和教育家，雅典人。

苏格拉底本人并没有著述传世，他的言行和思想，主要是通过其弟子的记载流传下来。作为教育家，苏格拉底通过长期的实践，发明了一种独特的教学方法，被后世称之为"苏格拉底式问答法"——在教授某种知识时，不是把答案直接告诉学习者，而是通过一系列环环相扣的提问引导学习者思考，从而一步一步得出最终的结论。

二、思考练习

始于古代希腊、罗马时代，西方教育史中曾经渐渐形成所谓"七艺"，具体包括：文法、逻辑、修辞、算术、几何、音乐、天文七科。对比其中"音乐"科目的入选，"美术"科目却是被排除在外，请思考和阐述，为何会有如此区别？

三、学习研究

类似西方教育史中的"七艺"，中国教育史中亦曾经有所谓"六艺"，具体包括：礼、乐、射、御、书、数六科。将其与西方教育史中的"七艺"比较，两者有何相似与相异之处？请作相关的研究与探讨。

四、相关文献

1.[古希腊]柏拉图. 朱光潜，译. 文艺对话集. 北京: 人民文学出版社.

2.http://www.ancientgreece.com/s/Main_Page/

第三讲　使民知神奸

华夏历史中"家天下"局面的形成，一般认为始于夏朝，可是，相比较于其后的商与周，夏朝却是一个没有多少考古实物出土的王朝，有关夏朝的认识，似乎仅仅留存于后世的描述与传说中。譬如《左传·宣公三年》其中的一段文字，便曾经言道：

"昔夏之方有德也，远方图物，贡金九牧，铸鼎象物，百物而为之备，使民知神奸。"

所谓："从前夏朝正是有德的时候，把远方的东西画成图像，让九州的长官进贡青铜，铸造九鼎并且把图像铸在鼎上，各种东西都具备在上面了，让百姓认识神物和恶物。"①（图1-16~图1-18）

由此反映出的一个事实是——中国先秦时期，各种美术成品的一个极为重要的功用（如果不是唯一的功用的话），便是用来对民众施以教化，或者说，实现"对知识和权力的控制"②。与之相应的则是一批有关尊卑仪礼，对于美术成品的形式、纹样、色彩、材质、尺度诸方面皆作出严格限定的艺术法则，如：

"火、龙、黼、黻，昭其文也。五色比象，昭其物也。"（《左传·桓公二年》）

"为九文、六采、五章、以奉五色。"（《左传·昭公二十五年》）

"君子不以绀緅饰，红紫不以为亵服。"（《论语·乡党》）

这方面的代表之作，是出于春秋末年齐国的《考工记》。作为一部"工师"据以考效百工之书，书中依"攻木"、"攻金"、"攻皮"、"设色"、"刮摩"、"搏埴"六大部类，分别就轮、舆、筑、冶、函、鲍、画、缋、玉、榔、雕等三十种工艺的制作规范、尺度形制、质材处理诸方面作出了详细的规范，其中便有不少内容涉及"美术"，譬如"画缋之事"一节提到：

"画缋之事，杂五色：东方谓之青，南方谓之赤，西方谓之白，北方谓之黑。天谓之玄，地谓之黄。青与白相次也，赤与黑相次也，玄与黄相次也。青与赤谓之文，赤与白谓之章，白与黑谓之黼，黑与

图1-16_司母戊鼎_商

图1-17_牛方鼎_商

图1-18_刖人守门鼎_西周

---

① 沈玉成. 左传译文. 北京: 中华书局, 1981: 172.
② 张光直. 郭净. 美术、神话与祭祀. 辽宁教育出版社, 2002: 65.

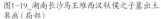

图1-19_湖南长沙马王堆西汉轪侯之子墓出土帛画（局部）

图1-20_湖南长沙马王堆西汉轪侯之妻墓出土帛画（局部）

青谓之黻。五采备谓之绣。……凡画缋之事，后素功。"（图1-19、图1-20）

毫无疑义，在彼时归属于"百工"教育的"美术教育"实践中，如何潜移默化或是直接通过强制性的手段来培养"未来艺术家"们对于这些"共性"法则的认同与接受，便应该是当时"美术教育"的一个主要教育价值取向。所谓"知者创物。巧者述之，守之世，谓之工。百工之事，皆圣人之作也"（《考工记》）。

而对于其间具体采取的措施，先秦古籍中亦是不乏记载，如《礼记·月令》中所述："是月也，命工师，令百工，审五库之量，金、铁、皮、革、筋、角、齿、羽、箭、干、脂、胶、丹、漆，毋或不良。百工咸理，监工日号：'毋悖于时，毋或作为淫巧，以荡上心。'"[1]

《礼记·月令》中还记载着"是月也，命工师效功，陈祭器，按度程，毋或作为淫巧，以荡上心，必功致为上。物勒工名，以考其诚。功有不当，必行其罪，以穷其情。"[2]

"物勒工名，以考其诚"，其"教化"之行，不可谓不严。

秦代国祚甚短，但于"美术教育"中，亦有"工师"之设，如《睡虎地秦墓竹简》中记载的秦律"均工"便规定：

"新工初工事，一岁半红（功），其后岁赋红（功）与故等。工师善教之，故工一岁而成，新工二岁而成。能先期成学者谒上，上且有以赏之。盈期不成学者，籍书而上内史。"[3]

汉承秦制，且于官府作场之外，在中国历史上首开宫廷"画工"之先河，设"黄门画工"与"尚方画工"，其主观上当然是为了满足宫廷皇室图画写照的需要，但另一方面，也客观上起到了促进画工之间相互交流、技艺传授的作用。而从两汉时代，频繁地诏令图画圣贤、忠臣、烈士、贞女、孝子于宫室庙堂，所谓"恶以戒世，善以示后"[4]之举，则不妨大胆推断，在彼时的美术教育领域，一种有关"教化与共性培养"传统的美术教育价值取向一定是占据了主导的地位。（图1-21、图1-22）

图1-21_东汉武氏祠画像石之一，由上至下分四层，第一层刻吴季札挂剑徐君墓、邢渠哺父、丁兰刻木等孝义故事，第二层刻梁高行割鼻拒婚、程婴救赵氏孤儿的故事，第三层刻周公辅成王的故事，第四层刻车马出行纹饰。

图1-22_东汉武氏祠画像石之二，由上至下分三层，第一层刻管仲箭射公子小白（齐桓公）的故事，第二层刻荆轲刺秦王的故事，第三层刻伏羲与女娲纹饰。

①　李学勤. 礼记·月令. 北京：北京大学出版社，1999：487.
②　李学勤. 礼记·月令. 北京：北京大学出版社，1999：548.
③　睡虎地秦墓竹简整理小组. 睡虎地秦墓竹简. 北京：文物出版社，1990：46.
④　此为东汉时王延寿语. 参见俞剑华. 中国古代画论类编. 北京：人民美术出版社，2000：10.

一、知识点击

东汉武氏祠画像石

武氏祠位于今山东省嘉祥县,始建于东汉桓帝建和元年(公元147年)前后,全石结构,祠内遍布刻绘精美、内容丰富的画像,是研究东汉后期历史与社会生活的珍贵史料。

祠内画像中,最为常见的形象便是历史上的帝王圣贤、义士烈女与孝子节妇,并且画像之侧多有题铭和赞语,其目的显然在于施行教化,垂范后世。

二、思考练习

"很明显,既然商周艺术中的动物是巫觋沟通天地的主要媒介,那么,独占这种沟通手段也就意味着对知识和权力的控制。占有的动物越多越好,因此正如《左传》所说:'远方图物',所有的'物'都铸入了王室的青铜器之中。"(张光直:《美术、神话与祭祀》)请思考与阐述,为什么说"独占这种沟通手段也就意味着对知识和权力的控制"?

三、学习研究

商周时期的青铜器上,往往装饰有各种丰富的纹饰,譬如饕餮纹(图1-23)。请尝试围绕"青铜器上的纹饰与美术教育"这个议题,作相关的研究与探讨。

图1-23_饕餮纹

四、相关文献

1.张光直. 郭净,译. 美术、神话与祭祀. 沈阳:辽宁教育出版社.

第四讲　宗教的规范

公元476年，当罗马这座曾经是坚不可摧的城市陷落后，西方或者说欧洲社会的发展便进入了一个被后世命名为"中世纪"的、漫长的、新的历史阶段。在这个阶段的文化与艺术领域，居统治地位的是那日益兴盛崛起的基督教。

早期基督教对艺术的态度与认识，与活动于古罗马时代后期的新柏拉图学派有着颇深的渊源关系。这其中作为联结两者并完成其间转化的一个关键人物，是奥古斯丁[Aurelius Augstinus，354—430]。（图1-24）

奥古斯丁之前，新柏拉图学派的学者们曾为柏拉图的"理式"找到了一个根源——"神"，即是说，"理式"是由"神"而来的。在此基础上，奥古斯丁进一步将这个在新柏拉图学派手中还带有某种泛神论和多神论色彩的"神"与基督教的上帝联系起来。而"由于再现就是去临摹无法临摹的东西，精神性的东西本身是不可能用感官性的形式加以再现的。"[①]在对艺术的认识上，便形成了一种与柏拉图斥责艺术为欺骗的态度非常相似的态度，两者的区别在于："感官形式的欺骗性已经不再是那位孤立无援的思想家的结论了，现在，它成了一大批普通群众热烈要求确立的前提了。"[②]

作为此种态度的直接体现，是中世纪前期基督教世界爆发的一场声势浩大的"偶像破坏运动"。在说拉丁语的西教会地区，公元6世纪时，马塞的主教便曾下令撤除和销毁他的教区里的所有的圣像。对于此种激烈的行动，格雷戈里大教皇[Gregory the Great，约540—604]却出人意料地提醒那些狂热的"偶像破坏派"们注意，由于许多基督徒并不识字，而"文章对识字的人能起什么作用，绘画对文盲就能起什么作用"[③]。

图1-24_《奥古斯丁》_[意]波提切利_[Sandro Botticelli, 1445—1510]

格雷戈里大教皇的意见，也深得其后据说几乎不会写字的查理曼大帝[Charles the Great，742—814]的赏识。因为权势人物的反对，"偶像破坏运动"在西教会

① [英]鲍桑葵. 张今，译. 美学史. 桂林：广西师范大学出版社，2001：126.
② [英]鲍桑葵. 张今，译. 美学史. 桂林：广西师范大学出版社，2001：126.
③ [英]贡布里希. 范景中，译. 艺术发展史——"艺术的故事". 天津：天津人民美术出版社，1998：73.

图1-25_欧洲中世纪手抄本插页之一

图1-26_欧洲中世纪手抄本插页之二

图1-27_欧洲中世纪手抄本插页之三

图1-28_《受胎告知》_[意]安杰利科

地区开展得并不成功。"然而，以这种方式得到承认的艺术类型，显然是一种大受限制的艺术。如果要为格雷戈里的目的服务，就必须把故事讲得尽可能地简明，凡是有可能分散对这一神圣主旨的注意力的，就应该省略。"①

在说希腊语的东教会地区，"偶像破坏运动"却达到了它的高潮，直到公元842年，东教会地区的"反偶像破坏派"才又重新掌握了权力。"他们试图用来立论的根据，跟偶像破坏派使用的论据同样微妙：'如果说大慈大悲的上帝可以决定让自己以基督的人性展现在凡人的眼里'，他们辩论说，'为什么他就不会同时也愿意把自己显现为一些眼睛可见的图像呢？我们并不是像异教徒那样崇拜图像自身。我们是通过或超越这些图像来崇拜上帝或圣徒。'"②

因此，无论是西教会地区的格雷戈里大教皇还是东教会地区的"反偶像破坏派"，他们的主张最终都可统一如下：

"我们知道图像不可能是感官知觉所达不到的一种本质的摹本。因此，不应该去崇拜图像。但是它们可以发挥启迪作用，因为可见的事物可以是有意义的。因此，不应该反对图像，而应该把它们保留下来，作为教育工具和帮助记忆的工具。"③

与柏拉图为了让艺术在"理想国"中占有一席之地而提出的解决方案如出一辙，只有那些可以被用来"作为教育工具和帮助记忆的工具"的艺术，才能被容许传播和存在。而借助于在中世纪欧洲几乎无处不在且强大无比的基督教教会势力，古代埃及美术教育实践中那对艺术家的培养过程实施严格控制的"教化"传统，在作为中世纪前期唯一具有影响的教育机构——僧侣学校的美术教育实践活动中的复兴，也就顺理成章了。延至15世纪上半叶，一位名叫安杰利科[Fra Angelico，1387—1455]的修士兼艺术家的表现，对于此种"教化"下的结果，仍能予以很好的证明：

"乔瓦尼·安杰利科·达·菲耶索莱修士，俗名圭多，一位出众的画家和书稿装饰家，亦是一位正直的教士，……他所描绘的圣徒不但形似，而且神似，其他的匠人望尘莫及。他从来不修改和润饰自己的图画，保持最初完成时的原状，他相信这是上帝的旨意，他常常这样说。有人说乔瓦尼修士总是先做祷告，再取画笔在手。他画耶稣受难像时，总是泪流满面，因此，从他的人物的面容和姿态中，我们能够看到善良、高尚和他对基督教的虔诚。"④（图1-25~图1-28）

① [英]贡布里希. 范景中，译. 艺术发展史——"艺术的故事". 天津：天津人民美术出版社，1998：73.
② [英]贡布里希. 范景中，译. 艺术发展史——"艺术的故事". 天津：天津人民美术出版社，1998：75.
③ [英]鲍桑葵. 张今，译. 美学史. 桂林：广西师范大学出版社，2001：126.
④ [意]乔治·瓦萨里. 刘明毅，译. 著名画家、雕塑家、建筑家传. 北京：中国人民大学出版社，2005：101，108.

●延伸与拓展

一、知识点击

奥古斯丁[Aurelius Augstinus, 354—430]

欧洲中世纪著名的神学家、哲学家,生于北非,早年信仰摩尼教,后受新柏拉图主义及其母亲的影响而渐渐归信基督。因其卓越的建树和奉献,被教会尊封为圣者,称"圣奥古斯丁"。信仰基督教之前,奥古斯丁对世俗文艺颇有兴趣和研究,曾任文学、修辞学教师,之后,却因为痛悔被世俗文艺引入歧途,转而予之以极力批判。奥古斯丁借用新柏拉图主义学说服务于对基督教教义的阐释,在后世产生了极为广泛、深远的影响。

二、思考练习

伊斯兰教影响下的艺术家们,曾经创造了无数技艺精湛、令人叹为观止的艺术品,但让人颇为疑惑的一点却是——其间鲜有人物形象的出现。请尝试思考和阐述其中的缘故。(图1-29)

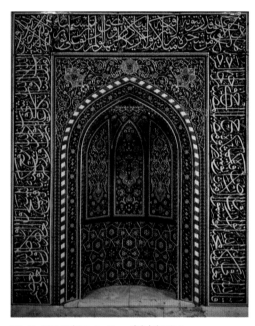

图1-29_"米哈拉布"[mihrab]——清真寺中的祭坛

三、学习研究

2001年3月,尽管此前国际社会不断发出警告和劝说,激进的阿富汗塔利班[Taliban]政权,仍以"维护伊斯兰教纯洁性"的名义,一意孤行,将位于阿富汗巴米扬省,距今已有一千四百余年历史的两尊巨大佛像彻底摧毁。请就此一事件的来龙去脉,围绕"宗教与美术及美术教育之间的关系"的议题,作相关的研究与探讨。(图1-30)

四、相关文献

1.http://www.kb.nl/manuscripts/

图1-30_其中的一尊巴米扬大佛,被摧毁前后的对照

第五讲　师资传授

"夫画者：成教化，助人伦，穷神变，测幽微，与六籍同功，四时并运，发于天然，非由述作。"①唐人张彦远在其所撰《历代名画记》中，开篇"叙画之源流"即作如是说，其承袭的不是其他，正是自先秦三代以来，历经秦、汉、魏晋南北朝时期，不断被发扬光大的一种传统——以图画鉴戒贤愚、贬恶扬善。张彦远之前，魏晋时人曹植、顾恺之都曾通过自己的文艺作品对这一传统作出过近乎完美的阐释，而如果更进一步将这种传统理解为一种以"图画"为媒介对大众进行的"美术教育"的话，那么，其间所体现出来的自然是一种有关"教化与共性培养"传统的美术教育价值取向。（图1-31、图1-32）

此外，某种"物勒工名"的教化之举，在唐代的百工美术教育中也依然得以沿袭："教作者传家技。四季以令、丞试之，岁终以监试之，皆物勒工名。"②

其实，中华魏晋到隋唐之际的美术教育领域，与有关"教化与共性培养"这一美术教育价值取向传统更为直接发生联系的，是随着士人间的艺术品鉴、赏阅之风

图1-31、图1-32_《女史箴图》（局部）

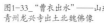

图1-33_"曹衣出水"——山东青州龙兴寺出土北魏佛像　　图1-34_"吴带当风"——重庆大足北山晚唐石刻观音像

日盛与民间画工群体的不断扩大，逐渐兴起的一股重视和强调"师资传授"③的时代新潮。不同的师承，自然是应该要体现为不同的艺术风格与面貌，（不然，又怎能分门别派呢？）因此，彼时的艺坛就开始出现了为后世耳熟能详的所谓"曹家样"、"吴家样"④等等诸般流派。宋人郭若虚所撰《图画见闻志·论曹吴体法》中尝云："曹、吴二体，学者所宗。按唐张彦远《历代名画记》称北齐曹仲达者，本曹国人，最推工画梵像，是为曹，谓唐吴道子曰吴。吴之笔，其势圆转而衣服飘举；曹之笔，其体稠叠而衣服紧窄。故后辈称之曰'吴带当风，曹衣出水'。"（图1-33、图1-34）

而一旦某种被视为楷模与范例的美术风格、样式得以形成，那么，在相应的美术教育领域，以之为标准

① 俞剑华. 中国古代画论类编. 北京：人民美术出版社，2000：27.
② 二十四史全译·新唐书. 上海：汉语大词典出版社，2004：1013.
③ 俞剑华. 中国古代画论类编. 北京：人民美术出版社，2000：33.
④ 俞剑华. 中国古代画论类编. 北京：人民美术出版社，2000：60.

和规范自觉或是不自觉地施行某种"共性的培养"便是在所难免之事了。如南齐人谢赫所撰《古画品录》中记载：袁蒨"但志守师法，更无新意"；顾宝光"全法陆家，事事宗禀"；刘绍祖"善于传写，不闲其思"。作为一种共性培养的手段和方法，所谓"传移模（摹）写"成了"六法"之一，[①]一代大家顾恺之在这之前更是作了一篇被后世误题为《魏晋胜流画赞》的"画论"，《魏晋胜流画赞》一文由唐人张彦远所撰《历代名画记》抄录以传，"刘纲纪先生以为，本文全论'摹写要法'，与'魏晋胜流'无涉。遂疑《魏晋胜流画赞》文章脱佚而题目幸存，又与后面论摹写一段文字相混，便成今日所见'名实不符'之《魏晋胜流画赞》"。[②]内中皆是摹写要法。

对于自隋唐时起于民间画工教育中渐渐形成的一种以"师资传授"为基础，有关"教化与共性培养"的美术教育价值取向传统，近人王树村[1923—2009]在其所编著的《中国民间画诀》一书中，则是作了甚为仔细的描述，谓：

"画工之间，分门别户各有传授。……画行里门户之分，非常严格，艺徒只能专从一师，专习一科，不能同时拜认两个师傅，如拜双师，叫作"跳坎"，那是因为没有学画才能，只好另拜画师，再重新学起，这样画工即使出师后，也常常不被同行师友所尊重。徒工拜师所学，自临摹粉本，焙制颜料，勾描画线，起稿用笔，以至画题选择，讲解史书知识等，统由一师传授。"[③]

① 此语出自于唐人张彦远所撰《历代名画记》，参见俞剑华. 中国古代画论类编. 北京：人民美术出版社，2000：355~367.
② 参见王伯敏，任道斌. 画学集成（六朝~元）. 石家庄：河北美术出版社，2002：8.
③ 王树村. 中国民间画诀. 上海：上海人民美术出版社，1982：68.

●延伸与拓展

一、知识点击

《女史箴图》

西晋惠帝时，皇后贾氏专权善妒。朝中大臣张华于是汇集历代贞妇先贤的事迹写成《女史箴》一篇，以为劝诫和警示。传东晋画坛大家顾恺之曾根据此文的内容，分段为画，从而成就中华艺术史上的一代名作——《女史箴图》。顾氏原图已佚，现仅存有唐代摹本与宋代摹本各一，一般认为唐代摹本要更为接近原作的风貌。

二、思考练习

原址山西省永济县永乐镇的永乐宫，相传为道教祖师之一吕洞宾的故宅。永乐官内绘有总面积约八百多平方米的壁画，集中反映了中国元代壁画艺术的卓越成就。其中画在三清殿内的《朝元图》，构图宏阔、气势磅礴，图中道府诸神个个神采奕奕、生气勃发。倘若从"师资传授"的角度考察此图，则请思考和阐述，其究竟师法何宗？"吴带当风"还是"曹衣出水"？（图1-35、图1-36）

图1-35、图1-36_山西永乐宫三清殿《朝元图》（局部）

三、学习研究

"艺术家本身，连同他所产生的全部作品，也不是孤立的。有一个包括艺术家在内的总体，比艺术家更广大，就是他所隶属的同时同地的艺术宗派或艺术家家族。"（丹纳：《艺术哲学》）回顾西方美术及美术教育的历史，其中对于"师资传授"的强调，亦是常见。请考察和选择某一西方美术宗派或美术家家族，并作相关的研究与探讨。

四、相关文献

1.俞剑华.中国古代画论类编.北京：人民美术出版社.

2.王树村.中国民间画诀.上海：上海人民美术出版社.

第六讲 学院派

作为对欧洲社会发展史上紧随"中世纪"之后并与之相对照的一个时代特征的概括，相信在许多人心中，"文艺复兴"一词蕴涵之意是一种截然有别于"中世纪"的"蒙昧"、"落后"而与文明、进步以及一切高尚、美好的事物密切相连的东西，其发端于乔托[Giotto di Bondone，约1267—1337]所生活时代的意大利。（图1-37）

虽然近代以来，有越来越多的学者倾向于认为："文艺复兴"时代与"中世纪"时代并非如矛盾的两端，两者之间的关系，更接近于一个初生的婴儿与曾经"怀胎十月"的母亲的描述，"文艺复兴"时代正是在"中世纪"时代的"母腹"中逐渐孕育、成长起来的。与"文艺复兴"一词常常相提并论的，还有另外一个同样被后世赋予了极高荣誉的词——"人文主义"。正是通过"人文主义"学者们的努力，一种有关人类道德、知识与经验的新的思想体系开始逐渐确立，而在这个新时代的教育领域，对于一种新的美术教育机构的呼唤，亦开始变得日益强烈。（图1-38）

约1490年，在美第奇家族统治下的佛罗伦萨，洛伦佐·德·美第奇[Lorenzo de Medici，1449—1492]（图1-39、图1-40）于圣马可广场上，他那有着众多漂亮古物的花园之内，创建了第一所小型的、非正式的、独立于所有清规戒律之外的绘画与雕刻学校。

1563年，在乔治·瓦萨里[Giorgio Vasari，1511—1574]（图1-41）的建议和操办下，佛罗伦萨又诞生了一所"迪塞诺学院"，托斯卡纳大公科西莫一世·德·美第奇[Cosimo I de Medici，1519—1574]与功成名就的米开朗琪罗[Michelangelo Bounaroti，1475—1564]一同被推举为这所学院的首脑。至于学院的目标，其中一个便是有关于初学者的教育问题。譬如在1563年3月17日科西莫写给远在罗马的米开朗琪罗的一封信中，大公便告诉米开朗琪罗："他已联合了佛罗伦萨的艺术家'为晚辈们建立一个行会并教育他们'。"而在1563年7月经过修订的学院章程中，我们则可以读到下面这样一段更为明确的文字："最后，在学院和我们的公会中，那些在设计技艺上可能有才华的人，应当时常被训练……我们要求与命令：学院与公会中的年轻人每次请求学监之中的某位，或学院或设计技艺公会中的其他人，即辅导员或我们之中较有名的人士去指导或修改某些有关这类技艺的作品，如此，任何一位学监，与其他人一样，必须去一次或数次，视需要而定。要以亲切的和真诚的态度，作出实用与有益的恰当评判，如同教育其他年轻人一样去示范与教导他们……"[①]

图1-37_乔托

图1-38_《哀悼基督》_[意] 米开朗琪罗

图1-39、图1-40_意大利画家贝诺佐·戈佐利[Benozzo Gozzoli，1420—1497]取材自圣经故事，而以美第奇家族成员为描绘对象绘制完成的作品《三王来拜》。画面前景中骑行最先者即为洛伦佐·美第奇。

① [德]佩夫斯纳. 陈平，译. 美术学院的历史. 长沙：湖南科学技术出版社，2003：47、48.

图1-41_乔治·瓦萨里

图1-42_费德里戈·祖卡里

水平日趋下降的意大利绘画质量的担忧，他们都希望"通过明智地模仿文艺复兴大师们已经创造出来的艺术风格而非新的发明来制止这一下降的趋势。在他们看来……绘画是一门可以根据固定的法则进行教授的科学，而这类法则是能够通过研究优秀大师的作品范例来获得的"①。（图1-46~图1-47）

乔治·瓦萨里之后，1593年，在红衣主教的支持下，画家费德里戈·祖卡里[Federico Zuccaro，约1542—1609]（图1-42）于罗马创建了"圣路加学院"。大约与此同时，在博洛尼亚，以有意模仿前辈所有伟大画家长处的画风而蜚声画坛的卡拉奇兄弟（图1-43~图1-45）——安尼巴莱·卡拉奇[Annibale Carracci，1560—1609]、阿格斯迪诺·卡拉奇[Agostino Carracci，1557—1602]与卢德维科·卡拉奇[Ludovico Carracci，1555—1619]—亦创办了一所命名为"进取者学院"的私立学院。

无论是卡拉奇兄弟的进取者学院还是祖卡里的圣路加学院，甚或是乔治·瓦萨里的迪塞诺学院，出于对

我们看到，在大约一个世纪的时间里，在16世纪的意大利，同时也是那时整个欧洲文化与艺术中心的美术教育领域，随着一种新的美术教育机构——学院的诞生与发展，在其美术教育价值取向上，有关"教化"与某种"共性培养"的传统，再一次得到了延续。安尼巴莱·卡拉奇和他的追随者们所制订出来的"按照古典雕像树立的标准去理想化，去'美化'自然的方案"也最终自然而然地成为"学院派"的方案。②（图1-48）

"到了16世纪末学院已不再是15世纪最后几十年中热情洋溢的知识分子们聚集的中心，那时艺术家和赞助人在那里共同讨论、争议、传播新的艺术发现。后来法国所采用的艺术教育模式就是罗马和波伦纳这两所学院所提供的。教学已经使艺术蜕变成以文艺复兴盛期艺术大师的无可争议的权威为基础的一整套绝对法则。"③

图1-43、图1-44、图1-45_卡拉奇兄弟

① [美]阿瑟·艾夫兰. 邢莉，常宁生. 西方艺术教育史. 成都：四川人民出版社，2000：43.
② [英]贡布里希. 范景中，译. 艺术发展史——"艺术的故事". 天津：天津人民美术出版社，1998：219.
③ [美]阿瑟·艾夫兰. 邢莉，常宁生. 西方艺术教育史. 成都：四川人民出版社，2000：43.

图1-46_《哀悼基督》_[意]安尼巴莱·卡拉奇

图1-47_《为圣母子画像的圣路加》_[意]乔治·瓦萨里

图1-48_《年轻的习画者》_[荷兰]维兰特_[Wallerant Vaillant 1623—1677]

图1-49_《路易十四》_[法]亚森特·里戈_[Hyacinthe Rigaud, 1659—1743]

图1-50_柯尔贝

图1-51_勒布伦

图1-52_《神佑路易十四》_[法]勒布伦

而那在美术教育价值取向上有关于"教化与共性培养"的传统，则仿佛已命中注定要在下一个世纪路易十四[Louis XIV，1638—1715]统治下的法兰西大地上，发挥到一个极致。

1648年2月1日，法兰西皇家绘画与雕刻学院成立，大会拟订的章程表明"它是以罗马与佛罗伦萨的学院规章为基础的。这所学院将要通过讲座的形式将艺术的基本原则传达给它的会员，并通过人体写生课[life-courses]的方式来训练学生"①。1661年，随着"太阳王"路易十四的亲政和学院副护院公柯尔贝[Jean Baptiste Colbert，1619—1683]的当选以及勒布伦[Charles Le Brun，1619—1690]被任命为国王首席画师兼学院的掌玺官，巴黎皇家美术学院的发展进入了一个"全盛期"。以"朕即国家"一语闻名于世的路易十四（图1-49），信奉的是权力高度集中的"专制主义"。

"建筑、音乐、绘画和雕塑的创作既不是为了取悦国王和满足他的想象力，也不是为了美化他的生存环境；它们被系统地用来塑造一个宏伟庄严的形象。宏伟形象的塑造是为了维护国王的神圣的权力而采用的策略，同时也是为法兰西谋取在欧洲的领导权地位而施展的一个计谋。……艺术在法兰西变成了政治宣传工具。"②

① [德]佩夫斯纳. 陈平，译. 美术学院的历史. 长沙：湖南科学技术出版社，2003：80.
② [美]阿恩·艾夫兰. 邢莉，常宁生，译. 西方艺术教育史. 成都：四川人民出版社，2000：45.

而在美术学院内,柯尔贝(图1-50)与勒布伦(图1-51)则是路易十四此一意图的忠实代言人和执行者,他俩都致力于一种学院风格规范的建立。一方面,根据柯尔贝对学院的定位,"训练学生——训练他们以一种特定的风格,即国王与宫廷风格来绘画与塑造——是这所新机构的目标"[1];另一方面,类似于费德里戈·祖卡里在罗马的例子,勒布伦也常常会在院务会议上面向全体师生发表演讲,其间的小小区别在于:费德里戈·祖卡里的讲座还只是一种成功艺术家之间的相互讨论与交流,而勒布伦的讲座——根据其同时代传记作家的记载——"这位首席画家的意图是要通过这些演讲,为年轻艺术家提供一套明确的规则"[2]。

在学院的教育中,"古代艺术愈加成为绘画中人物姿态的统一模式。甚至如果自然事物与希腊罗马雕刻不相吻合,也得修改。人们认为对于创造一件完美的艺术作品而言,罗马比大自然还要重要"[3]。一种与路易十四时代"专制主义"的"垄断"风格保持高度一致的"教化和共性的培养"传统的美术教育价值取向,就这样在巴黎皇家美术学院的教学实践活动中得到了完全的肯定和贯彻(图1-52)。

到了17世纪下半叶,当法国宫廷的生活时尚开始成为欧洲诸国王室争相效仿的对象时,整个欧洲的艺术与艺术教育中心也渐渐由罗马转移到了巴黎。经柯尔贝之手改革后,已经高度规章化和完善的巴黎皇家美术学院,作为彼时欧洲同类美术院校中最杰出代表的名声亦已确立,可以说,其后在欧洲各国如雨后春笋般纷纷涌现的众多美术学院无不多或少地受到了它的影响与启发。一种有关于"教化与共性培养"传统的美术教育价值取向,也借助于巴黎皇家美术学院的威名在整个欧洲大陆传播蔓延。(图1-53)

相似于欧洲文艺复兴时代"美术学院"的诞生,五代两宋间,中国美术教育领域内同样出现了一个新鲜事物,那便是"翰林图画院"。

图1-53_《英国皇家美术学院的院士们》_[英]亨利·辛灵顿_[Henry Singleton, 1766—1839]

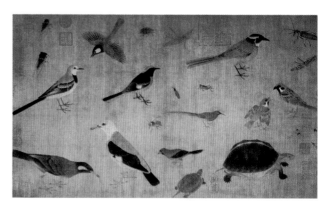

图1-54_《写生珍禽图》_[五代]黄筌

尽管早在汉代,宫廷就有"黄门画工"与"尚方画工"之设,唐代翰林院中亦有善画的翰林待诏,但真正建制完备的"宫廷画院"却要从公元935年由后蜀后主孟昶创立的翰林图画院算起。之后,又有由南唐元宗李璟约在公元947年创立的南唐翰林图画院。待到后蜀、南唐政权皆归降宋室,其画院中的人才也就一并归入宋翰林图画院了。宋初翰林图画院内,一时可谓是人才济济,延至宋徽宗朝,画院更是极为鼎盛。(图1-54)

虽然画院并非专门的美术教育机构,画院里的画家们也像他们的前辈"黄门画工"、"尚方画工"那样,主要是为了满足皇家的美术需求服务,但既然皆是从艺之

① [德]佩夫斯纳.陈平,译.美术学院的历史.长沙:湖南科学技术出版社,2003:85.
② [德]佩夫斯纳.陈平,译.美术学院的历史.长沙:湖南科学技术出版社,2003:87.
③ [德]佩夫斯纳.陈平,译.美术学院的历史.长沙:湖南科学技术出版社,2003:89.

图1-55_《瑞鹤图》_[北宋]赵佶

人，有幸聚在一块，相互之间的交流和学习自然是免不了，宋人邓椿所撰《画继》中便曾经就此描述道：

"乱离后，有画院旧史流落于蜀者二三人，尝谓臣言：某在院时，每旬日蒙恩出御府图轴两匣，命中贵押送院以示学人，仍责军令状以防遗坠渍污。故一时作者，咸竭尽精力，以副上意。其后宝箓宫成，绘事皆出画院，上时时临幸，少不如意，即加漫垩，别令命思。虽训督如此，而众史以人品之限，所作多泥绳墨，未脱卑凡，殊乖圣王教育之意也。"①

宋朝的皇帝，以那位被后世讥讽为诸事多能，"独不能为君尔"②的徽宗赵佶（图1-55、图1-56）为代表，大都雅好丹青。而在彼时画院内"一时作者，咸竭尽精力，以副上意"这样一种情境里，通过某种形式的美术教育，将皇帝一人之好"化"为众人之好，则实在是再自然不过的一件事了。

诚如滕固[1901—1941]所言："院人是学生，皇帝就是教授；怎样画，画什么，皆取决于皇帝。……宫廷是士大夫社会的塔尖，它有它自己的趣味；它所要集中而留作自己享受的艺术，是和宫廷趣味相切合的艺术。有此情形，就成立了图画翰林院的科举制度，就酝酿出所谓院体画的作风。"③

其实，彼时北宋宫廷中，真正可以被称之为一种美术教育机构的，是存在于宋徽宗崇宁三年（公元1104年）至大观四年（公元1110年），其间又几经兴废反复的"画学"。

至于"画学"中的美术教育价值取向，我们则不妨先来看看下面这样一段同样出于《画继》中的记载：

"（徽宗）始建五岳观，大集天下名手，应诏者数百人，咸使图之，多不称旨。自此以后，益兴画学，教育众工，如进士科下题取士，复立博士考其艺能。"④

"兴画学"的缘故，乃是因为应诏而来的天下画工"多不称旨"，所以需要一个"画学"这样的美术教育机构来"教育众工"。其中的美术教育价值取向，当然应该是一种以皇帝的意旨与趣味为"共性"的，有关"教化与共性培养"传统的美术教育价值取向。

具体到"画学"中的教学实践，则是：

"画学之业，曰佛道，曰人物，曰山水，曰鸟兽，曰花竹，曰屋木，以《说文》、《尔雅》、《方言》、《释名》教授。《说文》则令书篆字，著音训，余书皆设问答，以所解义观其能通画意与否。仍分士流、杂流，别其斋以居之。士流兼习一大经或一小经，杂流则诵小经或读律。考画之等，以不仿前人而物

① 王伯敏，任道斌. 画学集成.（六朝～元）. 石家庄：河北美术出版社，2002：625.
② 此语为元顺帝时，翰林学士康里巎巎所言。参见沈宁. 滕固艺术文集. 上海：上海人民美术出版社，2003：165.
③ 沈宁. 滕固艺术文集. 上海：上海人民美术出版社，2003：165、166.
④ 王伯敏，任道斌. 画学集成.（六朝～元）. 石家庄：河北美术出版社，2002：625.

图1-56_《芙蓉锦鸡图》_[北宋]赵佶

图1-57_甘肃敦煌莫高窟第三窟北壁之千手千眼观音像（元）

图1-58_"五爪龙"——明嘉靖年间的矾红龙纹大碗

图1-59_"四爪龙"——明洪武年间的王府九龙壁（局部）

图1-60_"三爪龙"——明永乐年间的青花龙纹碗

图1-61_《高宗阅兵图》_[清]郎世宁

之情态形色俱若自然，笔韵高简写工。三舍试补、升降以及推恩如前法。惟杂流授官，止自三班借职以下三等。"①

由此可以知道，"画学"中的教学分为佛道、人物、山水、鸟兽、花竹、屋木六科，设置有固定的课程和考试项目，并且根据学生学习成绩表现的高低，还会分别授以官职或是相应升降。其中的美术人才培养机制，已是相当的规范与完备。

宋以后的元朝内廷，虽然不再有翰林图画院之设，但因为权贵统治阶层的宗教信仰需要，却是设置了大量与寺院营造和宗教雕绘有关的相应美术机构，如"画局"、"大小雕木局"、"梵像提举司"等，其中实践的内容，则大多离不开与宗教经典仪轨关系密切的种种塑像造型、布局用色之道。（图1-57）

明、清两代，尽管宫廷中聚集的美术人才也曾经一度济济有众，但相应的管理机构和措施，却已不复宋时的规模与风光，只是其中"皇帝当教授"的作风，倒是被完完全全地继承了下来。譬如：

"时钱塘戴文进画法极高，与等辈十八人行取至京，皆不及戴者。考试，令戴画龙，戴本以山水擅名，非其本色，随常画龙皆四爪，呈御，上大怒，曰：'我这里用不得五爪龙，着锦衣卫重治，打御棍十八发回。'"②

赫赫有名的"浙派"一代宗师戴进，仅仅因为画龙少绘了一只龙爪，便被重治十八御棍，其"教化"之行，何其严酷。（图1-58、图1-59、图1-60）

又如："（雍正五年）七月初八日，郎中海望奉旨：万字房南一路六扇写字围屏上空白纸处，着郎世宁二面各画隔扇六扇，应画开掩处着其酌量。钦此。于八

① 二十四史全译·宋史. 上海：汉语大词典出版社，2004；3045.
② [明]李诩 撰，魏连科 点校. 元明史料笔记丛刊·戒庵老人漫笔. 北京：中华书局，1982；18.

月初四日画得十二扇呈览。奉旨：此画窗户挡子太稀了些，着郎世宁另起稿，画油栏杆画。钦此。"[1]（图1-61）

面对皇帝的威严与教导，除了恭恭敬敬地遵旨从命外，别无它选，即便是远道而来的"洋画家"郎世宁（原名朱塞佩·伽斯底里奥内[Giuseppe Castiglione, 1688—1766]，意大利人，天主教耶稣会传教士、清代宫廷画家，一生大半时间在中国度过，历经康熙、雍正、乾隆三朝，计五十余年）亦不例外。

●延伸与拓展

一、知识点击

1.乔托[Giotto di Bondone, 约1267—1337]

意大利文艺复兴早期杰出的雕刻家、画家和建筑家，其艺术开始渐渐突破中世纪程式的束缚，重归自然，并因此被誉为旧时代的最后一位艺术家，同时也是新时代的第一位艺术家。

2.乔治·瓦萨里[Giorgio Vasari, 1511—1574]

意大利文艺复兴时期的画家、建筑家、美术史论家。学艺于佛罗伦萨，此后终身为美第奇家族服务。

在艺术创作上，瓦萨里追随米开朗琪罗之风格，但其所取得的成就却不可与米氏同日而语。相比之下，瓦萨里在美术史论研究领域内则是颇有建树，其所撰写的《艺苑名人传》，洋洋洒洒百万余言，描述了诸多画家、雕刻家及建筑家们的生平逸事，是有关意大利文艺复兴时期最重要的研究史料之一。

3.米开朗琪罗[Michelangelo Bounaroti, 1475—1564]

意大利文艺复兴时期著名的雕塑家、画家、建筑家，"文艺复兴三杰"之一。其艺术作品以现实人文为基础，又兼具浪漫理想的风范，充满超人的力量与戏剧性高潮，仿佛一首首对生命的热情颂歌。

米开朗基罗毕生追求艺术的完美，在其生命的最后二十年，专注于建筑艺术，孤独而又光荣地度过了自己伟大的一生。

4.卡拉奇兄弟

卡拉奇兄弟三人，来自博洛尼亚[Bologna]，在其所生活年代的意大利艺坛颇具影响力，他们推崇意大利文艺复兴盛期大师们的艺术，画风细腻、优雅，技艺高超，总结并发展出了一系列的方法与原则，且行之有效地将其贯彻于彼时的美术教育实践之中，被誉为"学院派"历史的开创者。由此，西方艺术世界中的美术教育实践开始渐渐摆脱传统意义上师徒相授的模式，而走上了有组织、系统地进行理论和技能教学的道路。

5.勒布伦[Charles Le Brun, 1619—1690]

17世纪下半叶法国最有权势的艺术家。这位精明能干的艺术家，几乎时时都在为"太阳王"路易十四提供着高效而全面的服务，从挂毯制作到室内装饰，无一不包。其艺术创作的构思，大多是借用古代希腊或罗马的历史与神话题材来为路易十四歌功颂德，在艺术创作的手法与风格上，则是呈现出某种折中主义的面貌。

6.黄荃

---

[1]　薛永年，罗世平.中国美术史论文集——金维诺教授八十华诞暨从教六十周年纪念文集.北京：紫禁城出版社，2006：253.

黄荃，字要叔，五代十国时期蜀地画家，先后供职于前、后蜀内廷，擅长画花竹翎毛，亦能画山水人物，是一位技艺全面的画家。他集前代众家之长，以优美的笔致和细腻的赋色技巧而自出新意，所绘花鸟形象几乎不见勾勒痕迹，线色相融，形神兼备，于中国古代花鸟画的发展多有贡献。

7.戴进

戴进，字文进，号静庵，又号玉泉山人，明初浙江钱塘(今杭州)人，出身寒微，早年曾因善画被荐进入宫廷，却屡屡遭人妒忌排挤不得志，放归故里后，卖画为生，郁郁而终。

戴进的画风在当时民间影响极大，追随者甚众，渐成明代中前期画坛主流，史称"浙派"，而作为"浙派"一代宗师，戴进亦因之名垂青史。

二、思考练习

"绘画是一门可以根据固定的法则进行教授的科学，而这类法则是能够通过研究优秀大师的作品范例来获得的。"对于这样一种观点，你是赞同，还是反对？或者是因时、因地、因人而异？请作相关的思考与阐述。

三、学习研究

1.宋徽宗时的"画院"与"画学"，既有区别亦有联系，请作相关的研究与探讨。

2.乔舒亚·雷诺兹[Joshua Reynolds, 1723—1792]（图1-62），英国18世纪最负盛名的历史与肖像画家、艺术评论家之一，英国皇家美术学院的首任院长，其对以米开朗琪罗的艺术成就为代表的古典艺术崇拜有加，极力倡导和追求一种庄严、崇高的"宏伟风格"。

1769年至1790年间，乔舒亚·雷诺兹陆续在英国皇家美术学院发表了十五次演讲，这些演讲奠定了其整个"宏伟风格"理论的基础，不仅为当时的英国艺坛树立了一个堪称完美的典范，也被视为当时英国"学院派"教与学的必经之路。

有关乔舒亚·雷诺兹演讲的内容，已有中文译本问世，请结合译文或原典，作相关的研究与探讨。

四、相关文献

1.[德]佩夫斯纳. 陈平，译. 美术学院的历史. 长沙：湖南科学技术出版社。

2.[英]乔舒亚·雷诺兹. 代亭，译. 皇家美术学院十五讲. 上海：上海人民出版社。

图1-62_《自画像》_[英]乔舒亚·雷诺兹

第七讲　画之南北二宗

明代中前期，画坛最引人注目的一点，是所谓的"浙派"与"吴派"之争，而这一争斗演进至晚明，便有了莫是龙始创的"画之南北二宗"之说。何谓"画之南北二宗"？莫是龙在其所著《画说》中说道：

"禅家有南北二宗，唐时始分；画之南北二宗，亦唐时分也，但其人非南北耳。北宗则李思训父子著色山，流传而为宋之赵干、赵伯驹、赵伯骕，以至马、夏辈。南宗则王摩诘始用渲淡，一变勾斫之法，其传为张璪、荆、关、郭忠恕、董、巨、米家父子，以至元之四大家。亦如六祖之后，马驹、云门、临济儿孙之盛，而北宗微矣。"①

其后陈继儒、董其昌（图1-63）、沈颢诸辈又对画之南北二宗多有添加修正，然究其主旨用意，无不在于贬"北宗"而褒"南宗"，如沈颢所言，南宗"慧灯无尽"而北宗则是"日就狐禅，衣钵尘土"。②对于此桩画史公案，后世多有评议，其中则是尤以滕固、童书业[1908—1968]、俞剑华[1895—1979]、启功[1912—2005]四位先生的论断最为贴切精到。"文人画运动，说祖述王维，说刘李马夏为外道，这都是假的；集合前代所长，把元季四家成了定型化，而支配有清一代的山水画，使一代作者都在这个定型中打筋斗，这是真的。"③

"南北宗之说起自莫是龙，莫氏本人就是个吴门派的后学，他提出南北宗的公案来，或许就是对付浙派的，那时浙派正风行，他们把浙派的老祖宗所谓北宗压倒，那么浙派自然也就抬不起头了。"④

"分宗说的创立，目的是在抬高自己，打击别

图1-63_《仿米倪合作图》_[明]董其昌

图1-64_《仿黄子久巨轴山水笔意图》_[明]董其昌

人。"⑤

"有清艺苑，以四王、吴、恽为领袖，后来画

---

① 张连，古原宏伸. 文人画与南北宗论文汇编. 上海：上海书画出版社，1989：2、3.
② 张连，古原宏伸. 文人画与南北宗论文汇编. 上海：上海书画出版社，1989：29.
③ 此为滕固于《关于院体画和文人画之史的考察》一文中所语. 参见沈宁. 滕固艺术文集. 上海：上海人民美术出版社，2003：112.
④ 此为童书业于《中国山水画南北分宗说辨伪》一文中所语. 参见童书业. 童书业美术论集. 上海：上海古籍出版社，1989：116.
⑤ 此为俞剑华于《中国山水画的南北宗论》一文中所语. 参见张连，古原宏伸. 文人画与南北宗论文汇编. 上海：上海书画出版社，2000：316.

风,几全为此诸家所垄断,虽有杰出之士,终患众寡悬殊,而此诸家无论直接间接,悉出董其昌门下,董氏等人伪托古义,一似自来相传,事实固然者。故其说竟自流播,然亦无足怪也!"①

如四位先生所言,"南北宗"论的提出,其最根本目的就在于将所谓的"南宗"风格树为画坛的正宗,成为一种标准与规范。(图1-64)

从明末以后中国传统绘画画风的发展来看,这个目的无疑是达到了。作为一种具体的表现,是清代画坛以"四王"为代表的"师古"之风大盛。可以想见,在彼时那些以文人为主流的美术教育领域内,南宗风格理所当然地成为了一种"权威"与"共性",而其中的美术教育价值取向,则同样理所当然地是一种有关这种"共性"培养的美术教育价值取向。倘若考虑到被明、清"南北宗"论者奉为"画家正脉"的元代文人画家们原本是一群多么崇尚自由、天真、个性抒发、无拘无束的人的话,那么,现在将他们的艺术风格固定、简化为一种程式与"共性",并借助于某种有关"教化与共性培养"的美术教育价值取向加以传承的举动,则无异于是与历史开了一个不大不小的玩笑。

●延伸与拓展

一、知识点击

1.董其昌

董其昌,字玄宰,号思白、香光居士。晚明著名书画家,通禅理、精鉴藏,虽出身贫寒之家,于仕途却是青云直上,一生得意。董其昌主张师法传统,但尚"南"贬"北",其言行实践中,极力抬高文人画家的地位,而打击压制被其视为异己的"浙派"。此一论说,经董氏及其友辈诸人的发挥,对后世画坛可谓产生了极大的影响。

2."四王"

指清代初期的四位著名画家:王时敏、王鉴、王原祁和王翚,因四人皆姓王,故称"四王"。在艺术追求和绘画实践上,"四王"承袭前朝董其昌一脉的影响,极力追摹先人,崇古尚技,其作品虽是笔墨纯熟,刻意求精,但仍难免有囿于成法之失。

二、思考练习

请尝试将莫是龙所分"画之南北二宗"涉及的画家及其代表作品作一简洁的梳理,并比较其相互之间艺术风格的区别与联系。

---

① 此为启功所语。参见张连,古原宏伸.文人画与南北宗论文汇编.上海:上海书画出版社,1989:159.

三、学习研究

类似于"画之南北二宗",西方美术及美术教育的历史中,亦有所谓"宗派之分"。请考察并结合其中某个具体的案例,作相关的研究与探讨。

譬如分别以鼎鼎有名的安格尔[Jean Auguste Dominique Ingres, 1780—1867](图1-65)和德拉克洛瓦[Eugene Delacroix, 1798—1863](图1-66)为代表的法国19世纪新古典主义画派与浪漫主义画派。

又如18世纪英国画坛的"学院派"和"在野派"。据说当年与乔舒亚·雷诺兹同为英国画坛杰出人士的"在野派"代表托马斯·庚斯博罗[Thomas Gainsborough, 1727—1788],闻得乔舒亚·雷诺兹告诫学生不要让蓝色在画面上占有太大面积后,随即绘制完成了一幅以蓝色为主导、华美高贵的肖像画作品《蓝衣少年》(图1-67),以示对乔舒亚·雷诺兹权威的挑战。

四、相关文献

张连,古原宏伸. 文人画与南北宗论文汇编. 上海:上海书画出版社.

图1-65_《自画像》_ [法]安格尔

图1-66_《自画像》_ [法]德拉克洛瓦

图1-67_《蓝衣少年》_ [英]托马斯·庚斯博罗

第八讲 济世良方

19世纪初始，随着一场工业大革命的蓬勃兴起，在整个欧洲大陆，特别是在类似于英国这样一些工业化进程开始得比较早的国家，传统的、以自然经济为基础的乡村社会秩序被彻底打破，大批失掉土地的农民被迫纷纷涌入城市。日益拉大的贫富差距、拥挤脏乱的贫民窟、不堪重负的都市，随之而来的是一系列严重的社会问题与矛盾冲突，诸如赌博、犯罪、酗酒、卖淫……可以毫不夸张地说，一股深深的道德危机感萦绕在这一时代每个思索者的心头，这其中便有拉斯金[John Ruskin，1819—1900]（图1-68）。为解决危机，拉斯金所寻找到的"济世良方"是——美术和美术教育。

其实，作为一位中世纪艺术风格的积极倡导者，拉斯金将美术与道德相联系的做法对于他那个时代的上流社会而言，并不陌生。因为早在卡拉奇的时代，随着美术和美术家地位的改变，美术教育作为提升道德修养、培养未来绅士的一种手段就已经为人们所接受。而到了拉斯金所生活的时代，美术或音乐方面的"教养"更是被视为一种美德，在彼时的女性教育领域，"人们普遍认为绘画课是为大家闺秀提供的一项奢侈，一种'高雅的修养'，一种身份和名望的标志"。（图1-69）①

只是，在一个社会道德水准被普遍认为是处于极端恶劣状况的年代，通过拉斯金及其追随者的努力，美术与道德二者联系中的"教化"意味，被突出和强调到了一个引人注目的位置与地步。在其亲身参与的美术教育活动中，拉斯金总是身体力行地实践着自己的理想。例如当拉斯金论及他作为斯莱德美术教授[Slade Professor of Fine Arts]在牛津大学的执教工作时，便曾经目标明确

图1-68_《拉斯金》_[英]密莱斯_[John Everett Millais, 1829—1896]

图1-69_《喷泉，托洛尼亚别墅，弗拉斯卡蒂，意大利》_ [美]萨金特_[John Singer Sargent, 1856—1925]

地说道："在这里教育的目标主要不是能力而是修养；一个年轻人被送进我们大学，目的不是（至少迄今为止不是）为了接受某种职业的专门训练；甚至为了某种职业的深造也不是常有的现象；但永远是为了被造就成一个绅士和学者……为了被造就成这样的人——如果他是一个可造之才。"②

拉斯金在英国所付出的努力，似乎并未换来相应的回报，但在隔洋相望的那片新大陆上，拉斯金的理想却被发扬光大。作为一位朋友与崇拜者，查尔斯·埃利奥特·诺顿[Charles Eliot Norton，1827—1908]效仿拉斯金在牛津大学的教学方式于哈佛大学开办了美术课程，其教学设计，显然是围绕着西方艺术史上那所谓的"黄金时代"展开的。在彼时写给拉斯金的一封信中，诺顿谈道：

"我的计划是，首先向学生们简单地介绍艺术在文化史上的地位，它们的早期发展情况，接着再把他们带到雅典卫城，……我要努力使他们认识到，在所有这些人类表现形式的背后都隐藏着相同的本质，而且还要使他们认识到，人类如果没有经过长期高尚的生活和真正

---

① [美]阿瑟·艾夫兰. 邢莉，常宁生，译. 西方艺术教育史. 成都: 四川人民出版社，2000: 185.
② [美]阿瑟·艾夫兰. 邢莉，常宁生，译. 西方艺术教育史. 成都: 四川人民出版社，2000: 178.

的思维所获得的某种东西要表达，就不可能有杰出的诗作或优秀的绘画、雕塑和建筑等艺术的存在。"① （图1-70）

　　几乎就在诺顿任教于哈佛大学，并对拉斯金的原则奉行不悖的同时，威廉·托利·哈里斯[William Torrey Harris，1835—1909] （图1-71）与亨利·康纳德·布罗克麦耶[Henry Conrad Brokmeyer，1826—1906] （图1-72）于圣路易发动了一场"圣路易哲学运动"。

　　哈里斯声称，"道德、宗教与审美是相互联系的"，而艺术之所以是有意义的，则"主要因为它们是人类接近神的三种途径中的一种。第一种途径是通过宗教，第二种途径是通过艺术，第三种途径是通过哲学"。②作为圣路易地区的学校负责人与1889年至1906年的美国教育特派员，哈里斯完全有理由和能力在其职权范围之内将他的这一艺术教育理想付诸实践，因为早在19世纪40年代，伴随着美国公立学校运动的发展，声乐和绘画就已经被明确为美国公立学校教育中提高道德水准的一种手段与途径了。就此，彼时美国教育界的

一位名流霍勒斯·曼[Horace Mann，1796—1859] （图1-73）还曾经建议道：

　　"绘画与音乐不妨同时并举；读书习惯的养成和欣赏趣味的培养也是如此。经过不断地灌输而在幼小的心灵中所形成的每一种完美的欣赏力，都会变成一种抵制感官诱惑的强大力量。"③

　　霍勒斯·曼的这番话，让我们几乎是情不自禁地想起，两千多年前，那位伟大的古希腊哲人不也有过相似的言论吗？的确，在拉斯金、查尔斯·埃利奥特·诺顿、威廉·托利·哈里斯、亨利·康纳德·布罗克麦耶以及霍勒斯·曼诸辈所积极倡导与从事的美术教育实践活动中，我们无时不可以感受和觉察到的，正是某种有关"教化"的美术教育价值取向传统的延续与柏拉图灵魂的复活。其后的岁月，在西方世界里，每当整个社会的道德水平状况被认为是处于一种普遍的衰退和下降趋势中时，美术便会"顺理成章"地被有识之士们想到用来作为一种拯救灵魂和世界的手段，而美术教育则往往是义不容辞地承担起了这份责任与重担。

图1-70_ 查尔斯·埃利奥特·诺顿

图1-71_ 威廉·托利·哈里斯

图1-72_ 亨利·康纳德·布罗克麦耶

图1-73_ 霍勒斯·曼

①　[美]阿瑟·艾夫兰. 邢莉, 常宁生, 译. 西方艺术教育史. 成都：四川人民出版社，2000：81.
②　[美]阿瑟·艾夫兰. 邢莉, 常宁生, 译. 西方艺术教育史. 成都：四川人民出版社，2000：170.
③　[美]阿瑟·艾夫兰. 邢莉, 常宁生, 译. 西方艺术教育史. 成都：四川人民出版社，2000：93.

●延伸与拓展

一、知识点击

拉斯金[John Ruskin, 1819—1900]

19世纪英国著名的美学家、作家与艺术家,彼时欧洲最具原创性与影响力的艺术批评家之一。出身于殷实的家庭,早年游历四方,吸收并积累了丰富的美学经验,对艺术和社会生活之间的联系具有浓厚兴趣,致力于社会改良。以《现代画家》["Modern Painters"]一书扬名,被誉为英国维多利亚时代艺术趣味的代言人与道德领路人。

二、思考练习

因为一幅题名为《泰晤士河上散落的烟火:黑和金的小夜曲》(图1-74)的作品,拉斯金对于与他同时代的一位艺术家惠斯勒[James Abbott McNeill Whistler, 1834—1903]曾经予以了毫不留情的讽刺和批评——"我曾经听闻过许多厚颜无耻的行径,但从未料到还会有如此一个花花公子,竟然为自己向公众脸上泼洒的一罐颜料开价二百金币。"

素有绅士风度的拉斯金为何口出这般激烈的言辞?请联系拉斯金对于美术及美术教育的认识,作相关的思考与阐述。

图1-74_《泰晤士河上散落的烟火:黑和金的小夜曲》_[美]惠斯勒

三、学习研究

中国的古人,曾经将有关孝道的二十四个故事,以文图相配的形式广为传播,名为《二十四孝图》(图1-75),如鲁迅所言:"我所收得的最先的画图本子,是一位长辈的赠品:《二十四孝图》。这虽然不过薄薄的一本书,但是下图上说,鬼少人多,又为我一人所独有,使我高兴极了。那里面的故事,似乎是谁都知道的;便是不识字的人,例如阿长,也只要一看图画便能够滔滔地讲出这一段的事迹。"(鲁迅:《二十四孝图》)

可在鲁迅接下来的描述中,却是有了出人意料的结局——"但是,我于高兴之余,接着就是扫兴,因为我请人讲完了二十四个故事之后,才知道'孝'有如此之难,对于先前痴心妄想,想做孝子的计划,完全绝望了。"(鲁迅:《二十四孝图》)

为何会产生如此事与愿违的效果?鲁迅早年的这样一段经历对于我们将美术及美术教育与道德相联系的实践又有怎样的提示与启发?请结合对鲁迅所写《二十四孝图》一文的阅读,作相关的研究与探讨。

图1-75_ 收藏于日本之《新刊全相二十四孝诗选》

四、相关文献

1.[美]阿瑟·艾夫兰. 邢莉,常宁生,译. 西方艺术教育史. 成都:四川人民出版社.

第九讲 历史抉择（上）

1907至1908年间的维也纳，一位年方十八九岁，立志成为一名艺术家的青年徘徊在街头，其刚刚遭受了人生经历中的重大挫折——先后两次报考，却皆被维也纳美术学院拒之门外。后世知情的读者，每每会为此发出一声感叹：如果，当初维也纳美术学院录取了这位年轻人，那么人类的历史或许会因此改变。因为这位年轻人名叫——阿道夫·希特勒[Adolf Hitler，1889—1945]，日后的德国纳粹党党魁与发动第二次世界大战的首要元凶。

早年的经历，一定让阿道夫·希特勒耿耿于怀，也因此，当其于20世纪三四十年代集大权于一身，以欧陆霸主的姿态登上历史舞台时，即刻以自己的意志与需要为转移，在其控制下的美术和美术教育领域内，迫不及待地施行了远比法国国王路易十四时代要普遍和严格的"教化"传统。（图1-76）

为此，我们不妨看看彼时在纳粹分子授意下发表的一篇题名为《新德国的教育原则：学校和父母需要知道的国家社会主义教育目标》（"Die Erziehungsgrunds·tze des neuen Deutschlands"[①]）的文章中的文字：

"德国的人民，德国的父母们！由我们的总理阿道夫·希特勒一手缔造的新德国向青年人提出了特别的要求。德国的青年一代是重建我们民族与国家的根本……

教育领域内的所有成员对于当前面临的任务都必须有一个明确和统一的认识……

种族的优越，军事训练，领导与服从，宗教信仰！这是支持新德国国家社会主义教育的不可动摇的四大基础！"

这段文字既然是对当时法西斯政权控制下的整个教育界发出的"魔咒"，身处其中的美术教育领域，自是不能幸免。而作为一种理所当然的反应，或者说举措，在当时反法西斯阵营的美术和美术教育领域内施行的同样是一种有关教化与共性培养的价值取向，只是，其教化与共性培养的具体内容，恰恰是与阿道夫·希特勒之流的"魔咒"针锋相对的！（图1-77~图1-80）

第二次世界大战，往往被视为人类历史阶段划分上的一座分水岭。对于二战后西方特别是美国美术教育领域内的状况，阿瑟·艾夫兰[Arthur D.Efland]在《西方艺术教育史》（"A History of Art Education: Intellectual and Social Currents in Teaching the Visual Arts"）一书中曾有如下评论：

"虽然在整个冷战期间始终弥漫着一种危机气氛，但是艺术教育还是出现了放弃它的重建主义立场转而支持表现主义的倾向。至于这一转变的原因，也许我们永远都得不到充分的解释。但是，其中有一个因素显然是肯定的：在艺术领域中，抽象表现主义已经成为占主导地位的风格样式，不过，过去学校艺术教学实践活动很少从当代艺术实践中吸取经验。或许在经过了整整20年的对重大社会问题偏爱之后，现在到了恢复教育中儿童及儿童发展的重要

图1-76_ 1937年"堕落艺术"展览的目录封面

① http://www.calvin.edu/academic/cas/gpa/frau.htm

图1-77、图1-78、图1-79、图1-80_ 美国画家诺尔曼·罗克威尔[Norman Rockwell, 1894—1978]创作于1943年的一组宣传画:《言论的自由》、《信仰的自由》、《不虞匮乏的自由》、《免于恐惧的自由》

图1-81、图1-82_ 美国抽象表现主义画家波洛克_[Jackson Pollock, 1912—1956]作画

地位的时候了。在普通教育放弃强调个性和独特性为其核心目标很长时间之后，现在它们再一次成了艺术教育所追求的目标。"①

阿瑟·艾夫兰的这一段话，对现象的描述要远远大于对成因的解释。

实际上，二战后的西方美术教育领域——在最初的阶段——主要是基于一种对法西斯暴政所犯下的滔天罪行的痛苦经验及由此而产生的对"强制"、"教条"、"压抑"的普遍反感情绪，对个性与独特性的强调成了思想界的共识。这种情绪和共识，或许最为真切地体现在了如下一段文字中：

"在经历了由于极端的教条主义和不尊重个性差异所导致的毁灭性结果之后，我认识到武力不能解决问题，而且人类相互间的关系的基础通常都是在家庭和幼儿园阶段开始形成的。我强烈地感到，如果没有普遍存在于德国家庭生活和学校中那种强制性的纪律，极权主义是不可能被普遍接受的。"②

但接下来的局面却是：由于二战后迅速形成的"冷战"氛围，就仿佛抽象表现主义艺术因此幸运地成为一种与所谓为极权专制服务的艺术相对抗的、在彼时以美国为主宰的西方艺术世界中占主导地位的风格样式。③那了美术教育实践中实现对个性与独特性的强调的表现主义主张，亦在一定程度上被有意或无意地渲染上了一层反苏反共的"教化"色彩。（图1-81~图1-82）

让我们回过头来看看"铁幕"的另一方。

1917年11月7日，十月革命爆发，次日成立了以列宁为首的苏维埃政府。

最初的一段时间里，在美术和美术教育领域内占主导地位的是以康定斯基[Wassily Kandinsky，1866—1944]为代表的"先锋派"艺术家和他们的艺术，可是情况逐渐发生了变化，究其缘故，或许是因为：一种在艺术形式和风格上有着强烈革命需要的艺术，却并不适合来自于一场迅猛发展的社会革命的现实需要。一段发生于1917年至1921年的大事记，生动地反映了此一转变：

"一、1917年

11月7日，彼得格勒爆发武装起义。俄罗斯爆发十月革命。无产阶级夺取政权。

11月8日，工人和士兵代表委员会第二届全俄代表大会在彼得格勒通过了和平法、土地法以及俄罗斯人民法宣言。人民委员会成立。卢那察尔斯基担任人民教育委员会主席。

1917年秋至1918年春，国内战争爆发。

二、1918年

1月至3月，在人民委员会下设立了展览部门。3月，由著名艺术家组成的艺术委员会成立，其成员中有不少未来派艺术家。

春季，在俄罗斯边境地区发生了外国武装干涉。建立红军。

秋、冬季，推行艺术教育改革。成立了很多无秩序的自由创作室。决定在彼得格勒建立文化艺术博物馆，拟为该馆购买当代艺术家的作品（包括马列维奇、塔特林、波波娃等先锋派艺术家的作品）。拟于1919年在莫斯科建立绘画艺术博物馆（馆长为康定斯基）。在彼得格勒和莫斯科举办了独立工人——艺术家展览。

三、1919年

3月6日至9日，建立第三共产国际。

1919年一年间，红军粉碎了白军和反布尔什维克联盟的三次大规模进攻。

① [美]阿瑟·艾夫兰. 邢莉，常宁生，译. 西方艺术教育史. 成都：四川人民出版社，2000：304.
② 此为维克多·罗恩菲德[Viktor Lowenfeld，1903—1960]所语。参见[美]阿瑟·艾夫兰. 邢莉，常宁生，译. 西方艺术教育史. 成都：四川人民出版社，2000：305、306.
③ 河清. 艺术的阴谋：透视一种"当代艺术国际". 桂林：广西师范大学出版社，2005：35~69.

四、1920年

7月19日至8月9日，共产国际第二次大会在期盼和平革命的气氛中在莫斯科举行。

1920年11月，粉碎了弗兰格尔男爵在克里木的集结。国内战争结束。

五、1921年

春季，开始实施新经济政策：在农村，以征收食品税取代余粮征集制。分阶段地对小型工业实行非国有化，允许私营经济。在艺术领域实行温和的传统化政策，国家不支持未来派激进的艺术和政治立场。解散人民委员会下的展览部门，停止为绘画艺术博物馆采购藏品。出现私营出版社，个体艺术市场复苏。

11月，在莫斯科文化艺术研究所，先锋派的艺术理论家和画家反对绘画为生产艺术服务。之后的几年，他们从事摄影、标语、电影、戏剧和设计。

1921年一年间，尝试建立服务于大众的新的社会主义架上绘画。出现了此类艺术团体，如"新艺术家协会"、"生活"小组。

年底，康定斯基赴德国，并从此离开俄罗斯，自1922年起在德国工作。"[1]

康定斯基的一去不返，仿佛预示着"先锋派"命运的衰败，而即将到来的是——"社会主义现实主义"，一种真正体现了20世纪苏联美术和美术教育特点并产生了巨大影响的追求与实践，或者说价值取向。"社会主义现实主义"这个命题的最初提出，见于1934年9月1日第一次苏联作家代表大会通过、1935年11月17日苏联人民委员会批准的《苏联作家协会章程》。

"社会主义现实主义，作为苏联文学与苏联批评的基本方法，要求艺术家从现实的革命发展中真实地、历史地和具体地去描写现实。同时艺术描写的真实性和历史具体性必须与用社会主义精神从思想上改造和教育劳动人民的任务结合起来。"[2]

依此阐述，对"社会主义现实主义"的分析，在字面上显然可以分为两个部分——"社会主义"对应的是"用社会主义精神从思想上改造和教育劳动人民的任务"，"现实主义"对应的则是"真实地、历史地和具体地去描写现实"。就像彼时一篇题为《美术学校业务教学上的几个问题》的文章中所倡导的：

"现在的问题是，必须在我们美术院校的教学工作中，输入新的具体的方式、方法；使初学的艺术家们养成创作思维的习惯，使他们能够看出我们生活中的新鲜事物。

为了培养艺术家在创作上的观察能力，必须与同学们经常进行有目的的、能解决实际问题的对话。以当前生活为题的对话，可以帮助未来的艺术家更好、更深刻地理解苏维埃建设的诗意和美丽，新的生活方式、新的人物的美，可以帮助艺术家认清自己在社会主义文化建设中的地位。"[3]（图1-83~图1-84）

但在具体如何理解"用社会主义精神从思想上改造和教育劳动人民的任务"，怎样"真实地、历史地和具体地去描写现实"，以及"社会主义"、"现实主义"两个部分之间的关系孰轻孰重，这些问题上却是一直述说纷呈，争议不断，并随着历史的风云变幻，直接影响和决定了此后几十年前苏联美术和美术教育领域的发展与进步。（图1-85）

譬如关于"社会主义现实主义"的"无冲突"说与"批判'批判现实主义'"学说认为前苏联社会已不存在矛盾，生产力和生产关系、经济基础与上层建筑已经完全相适应，揭露和批判社会丑恶现象、阴暗面的需要是不存在的，"现实"即是"赞美"，"批判现实主义"只是内心怀疑和敌视社会主义的"标签"。由此而来的后果是——美术及美术教育领域内一片颂歌，矫饰、浮夸和个人崇拜之风愈演愈烈，给"社会主义现实主义"造成了极大的危害与消极影响。

又如关于"社会主义现实主义"的"取消'用社会主义精神从思想上改造和教育劳动人民的任务'"学

① 阎东. 太阳城——社会主义现实主义的辉煌. 中华人民共和国文化部、俄罗斯联邦文化电影署 主办: 俄罗斯年——俄罗斯文化节, 2006; 191.
② 中国社会科学院外国文学研究所. 七十年代社会主义现实主义问题——苏联关于"开放体系"理论的讨论. 北京: 中国社会科学出版社, 1979; 1.
③ [苏]约干松. 严摩罕, 译. 论绘画的技法. 上海: 上海人民美术出版社, 1957; 82.

说与"提倡自然主义"学说，虽然把批判的矛头指向了将"社会主义现实主义"僵化为一种固定模式的、歌功颂德的错误倾向，但如果因此就简单地抹去"社会主义现实主义"的"社会主义"部分——无论是相较于严酷的卫国战争年代还是此后形势依然严峻的"冷战"背景——显然都是不适宜与理由不充分的。

再如关于"社会主义现实主义"的"包括浪漫主义"说以及"反对创作方法多元论"学说，则分别从"艺术性"与"政治性"的角度，突出了对于"社会主义现实主义"理解的各自侧重。[1]（图1-86）

20世纪70年代，德·马尔科夫[Марков Дмитрий Федорович，1913—1990]提出了有关"社会主义现实主义"的"开放体系"理论，其所包含的基本内容大致如下：

"一、'社会主义现实主义，包括它的全部组成部分在内，是一个发展的灵活的体系'；'对于社会主义现实主义艺术家来说，客观地认识不断发展着的实际现实是没有止境的，题材的选择以及在采用能够反映生活真实的表现手段上也是没有限制的。在所有这些方面，社会主义现实主义都是历史地开放的。'

二、'这个体系的核心，它的哲学基础，是对世界和人的马克思主义的理解：社会主义思想、社会主义人道主义、列宁的艺术党性原则。'

三、'社会主义现实主义的广阔性是由社会主义人道主义立场本身提供的，是由艺术真实性的要求提供的。'

四、'别的体系的诗学成分加入到社会主义现实主义的体系中来，一般地在理论上和实践上都是可能的。''应当从这种体系的联系中看到社会主义现实主义具有把过去和现在的艺术的其它各种流派在表现手法方面的成果结成一个整体的可能性。'"[2]

德·马尔科夫的"开放体系"理论，实际上是希望为当时的"社会主义现实主义"开拓一个更为广阔的前景。可惜世事无常，随着20世纪90年代前苏联政权的解体与"先锋后派"的回归，"社会主义现实主义"在前苏联地区的美术和美术教育领域内已经渐渐淡出了人们的视野。但谁又知道，未来的某一天，"社会主义现实主义"不会在其曾经诞生的那片土地上再次复兴呢？

回顾有关"社会主义现实主义"的这样一段历程，不可否认的是——其间的某些时空——正是在"社会主义现实主义"这面大旗的指引下，产生和培养出了一大批杰出的美术家、美术教育家与优秀的美术作品；

图1-83、图1-84_《工人与集体农庄女庄员》_[前苏联]穆希娜_[Vera Ignatyevna Mukhina, 1889—1953]

图1-85_《祖国的呼唤》_[前苏联]武切季奇_[Yevgeny Viktorovich Vuchetich, 1908—1974]

图1-86_《铸剑为犁》_[前苏联]武切季奇

[1] 中国社会科学院外国文学研究所. 七十年代社会主义现实主义问题——苏联关于"开放体系"理论的讨论. 北京: 中国社会科学出版社, 1979: 1~5.
[2] 以上关于"社会主义现实主义"的诸理论学说的提出，可参见中国社会科学院外国文学研究所. 七十年代社会主义现实主义问题——苏联关于"开放体系"理论的讨论. 北京: 中国社会科学出版社, 1979: 7.

同样不可否认的是——因为一时的某种错误解读与判断——"社会主义现实主义"也的确曾经给前苏联地区的美术和美术教育事业发展带来过束缚与困惑。

作为一个整体，是我们人类创造了历史，但以个体的感悟，却往往是历史抉择了我们。个人的命运，总是与其所处的那个时代的安排紧密相连的，并在一定程度上映射出那个时代。

●延伸与拓展

一、知识点击

"堕落艺术"[entartete Kunst]

20世纪30年代，德国纳粹掌权后，希特勒个人的价值取向成了指导德国艺术领域包括艺术教育领域发展的唯一标准与规范，至于不符合其审美趣味和意识形态需要的各类艺术则大多被贴上犹太主义或布尔什维克主义的标签而遭到严酷的抵制与封杀，并被污蔑为"堕落艺术"。这些被清洗的对象几乎包括了当时德国境内所有的现代派艺术家和艺术作品。

1937年7月，德国纳粹当局在慕尼黑举办了一场"堕落艺术"展览，数以千计的艺术作品和它们的作者亦因此惨遭蹂躏。

二、思考练习

雅勃隆斯卡娅[T. N. Yablonskaya, 1917—2005]，一位优秀的女艺术家与美术教育家，苏联艺术科学院院士、人民艺术家。早在20世纪50年代，雅勃隆斯卡娅就以《粮食》(图1-87)、《春》等作品而蜚声画坛，并由此获得了很高的荣誉。

雅勃隆斯卡娅是一位极有主见，敢于不断探索、不断突破自我的艺术家，尽管这样的个性——在某些特定的情境中——常常会给她带来意想不到的麻烦。譬如二十世纪六七十年代，因为一幅题名为《生命的延续》(图1-88)的作品所经历的种种波折，雅勃隆斯卡娅便曾经为此饱尝了困惑与艰难。

请联系雅勃隆斯卡娅及其作品的遭遇，作相关的思考与阐述。

　　"这幅画是根据1961年在舍甫琴柯地区旅行时的印象完成的，初稿则是在维利尚的一个小村庄里完成的。在这里曾经发生过乌克兰反革命流血事件。那时我总想寻找'往昔的'东西，所以在村子里慢慢地走。就这样我看到了一位年迈的老人，没有胡子，穿着长袍，坐在自家典型的乌克兰式农舍前。他看着地面，陷入了回忆。在农舍里住着老人的儿媳，年轻充满活力的儿媳经常到院子里来，或者挂出一些东西晒晒太阳，或者泼出一些什么，有时还会听到婴儿的哭声。总之，她有自己的生活，充满了忙碌和希望，而老人也有自己久远的回忆。

　　于是我以老农舍的墙为背景，画下了老人，墙上挂满了晒干的红辣椒串，还有一扇小窗，从那里可以惬意地看到盛开的天竺葵。当时，也就是在60年代初，我对民族艺术感兴趣，并试图将它的构图原则运用到绘画中。

　　而当时的情况是，有一位书记非常'敏锐'地观察所有'超现代派'的表现，其中包括乌克兰资产阶级的民族主义。我创作完这幅画后，送到舍甫琴柯展览会……当他在开展前审查展览会时，十分坚决地把这幅画取了下来，好像这幅画玷污了苏联现实一样。过了几天，美术家协会通知我去一趟。我就这样进了一间巨大的办公室，就像羊入虎口一样，我走向深处的那张桌子，那种在专制的蛮横无理面前无助的感觉，现在回想起来还觉得可怕。我在他那儿坐了两个小时。他一直都在证明我在污蔑苏联政权，总之差点儿成为人民的敌人……我被剥夺了选举权和被选举权、买卖权等其他权利。此后不止一年，在乌克兰我被禁止发表任何作品。

　　这幅遭到批判的画很长时间一直放在工作室里，落满了灰尘。虽然非常害怕，但我仍然十分迷恋民族构图的构思原则。很长时间过去了，我没有把这幅画给任何人看。突然，来自莫斯科的委员会，来自苏联的美术学院都来了……而在我的工作室里全是这样的作品。该怎么办呢？喏，不管那么多了，我搬出了自己的旧画，擦干净画上的灰尘，把它放到画架上。他们居然都非常兴奋！纷纷说'多有内涵，多有创意，多有哲理啊！'甚至鼓励我应当使思想更深远，应当增强他们的孤独感！我的热情一下子被激发出来了，我带着少有的欢喜开始工作。我也认为这幅画是自己最好的作品之一，应该说，它的最后一个版本比第一个版本要更有问题：画中老人和少妇坐得离对方更远，农舍的墙更旧。如果那位书记来看，这幅画更'反动'，但事实上，它的艺术表现却更有说服力，更严肃，更抽象。"

　　（《雅勃隆斯卡娅》）

图1-87　《粮食》　[苏联]雅勃隆斯卡娅

三、学习研究

　　二战结束后形成的"冷战"局面及由此而生的"冷战思维"，在相当长的一段时间里，或隐或显地分别影响了以美国和前苏联为首的两大"阵营"内的美术教育实践，请尝试围绕"冷战与美术教育"这个议题，作相关的研究与探讨。

四、相关文献

　　1.河清．艺术的阴谋：透视一种"当代艺术国际"．桂林：广西师范大学出版社．

　　2.全山石．雅勃隆斯卡娅．济南：山东美术出版社．

图1-88　《生命的延续》　[苏联]雅勃隆斯卡娅

第十讲 历史抉择（下）

1913年，时任中华民国政府教育部金事的鲁迅[1881—1936]，在其公开发表的《拟播布美术意见书》中，提出了关于美术和美术教育事业建设的思路，其中涉及"美术之目的与致用"的，便有所谓"顾实则美术诚谛，固在发扬真美、以娱人情，比其见利致用，乃不期之成果"；"美术可以表见文化"、"美术可以辅翼道德"与"美术可以救援经济"之说。[1]而从鲁迅极力提倡"新兴木刻运动"——这样一种带有大众启蒙性质的美术教育活动之表现来判断，一种有关"教化与共性培养"传统的，可以辅翼道德甚至于革命的美术教育价值取向，则应该是其取向之中的取向。（图1-89）

恰如彼时一群深受鲁迅影响和教导的青年人们所发出的号召："艺术也如其他的文化一样，是跟着时代的巨潮而生长着演进着的，所以现代的艺术必然地要走向新的道路，为新的社会服务，成为教养大众，宣传大众与组织大众的很有力的工具，新艺术必须负着这样的使命向前迈进。"[2]

1938年春，正是抗日救亡运动开展得如火如荼之际，在革命圣地延安诞生了一所由中国共产党创办的艺术学院——"鲁迅艺术学院"（图1-90）。延安"鲁艺"初期，下设戏剧、音乐、美术三系，后增设文学系，更名为"鲁迅艺术文学院"。各系除设置相关的专业课程外，以政治理论和文艺理论课程为共同必修课。为了加强敌后文化工作及文艺干部的培养，1939年、1940年还先后分别于"晋察冀抗日根据地"与"华中抗日根据地"创办了延安"鲁艺"的分支机构。创立伊始，"鲁迅艺术学院"的办学宗旨中就似乎已经体现出了某种有关"教化与共性培养"的教育价值取向，譬如：

"艺术——戏剧、音乐、美术、文学是宣传、鼓动与组织群众最有力的武器。艺术工作者——这是对于目前抗战不可缺少的力量。因之，培养抗战的艺术工作干部在目前也是不容稍缓的工作。因此，我们决定创立这艺术学院，并且以已故的中国最大的文豪鲁迅先生为名，这不仅是为了纪念我们这位伟大的导师，并且表示我们要向着他所开辟的道路大踏步前进。"[3]（图1-91）

又如经延安"鲁艺"全院师生员工讨论通过，发表

图1-89_《永不休战》_汤小铭

图1-90_ 延安鲁艺旧址

图1-91_1938年夏天，鲁艺全体师生在延安北门外合影。

图1-92_《在延安文艺座谈会上的讲话》_毛泽东

① 鲁迅作品集——鲁迅杂文全集. 郑州: 河南人民出版社, 1994: 1005~1006.
② 此段文字引自撰写于1932年5月26日的《春地美术研究所成立宣言》一文, 参见吴步乃, 王观泉. 一八艺社纪念集. 北京: 人民美术出版社, 1981: 65.
③ 此段文字引自1938年春, 由毛泽东亲自领衔, 与周恩来、林伯渠、徐特立、成仿吾、艾思奇和周扬一起作为发起人, 沙可夫起草的《鲁迅艺术学院创立缘起》一文. 参见王培元. 延安鲁艺风云录. 桂林: 广西师范大学出版社, 2004: 6.

于1941年5月24日《解放日报》的《鲁艺订艺术工作公约》中的"十不"规定：

"一、不违反新民主主义现实主义的方向。

二、不违反民族的、大众的立场。

三、不违反艺术上抗日民族统一战线的原则。

四、不对黑暗宽容；对于新社会之弱点，须加积极批评与匡正。

五、不流于轻浮作风、低级趣味。

六、不间断创作与研究的工作。

七、不轻视艺术的组织工作。

八、不满足自己的即使是最大的成功；不轻视别人的即使是最小的努力。

九、不抱宗派之见；不作无原则的意气之争。

十、不放松对艺术中一切不良倾向的批判。"①

而于1942年5月间召开的"延安文艺座谈会"及毛泽东[1893—1976]在大会上的讲话，则是在某种意义上更进一步地明确和强调了这种有关"教化与共性培养"传统的教育价值取向。

在"延安文艺座谈会"大会伊始的发言中，毛泽东说道："我们今天开会，就是要使文艺很好地成为整个革命机器的一个组成部分，作为团结人民、教育人民、打击敌人、消灭敌人的有力的武器，帮助人民同心同德地和敌人作斗争。"②（图1-92）

待到大会快要结束作总结时，毛泽东又说道：

"那么，什么是我们的问题的中心呢？我以为，我们的问题基本上是一个为群众的问题和一个如何为群众的问题。"③

有关前一个问题的论述中，毛泽东将文艺划分为了"封建主义的文艺"、"资产阶级的文艺"和"为人民的文艺"，至于"我们的文艺"当然应该是"为人民的"文艺。④而在后一个问题的展开中，毛泽东清晰地

表述道：

"世界上没有什么超功利主义，在阶级社会里，不是这一阶级的功利主义，就是那一阶级的功利主义。我们是无产阶级的革命的功利主义者，我们是以占全人口百分之九十以上的最广大群众的目前利益和将来利益的统一为出发点的，所以我们是以最广和最远为目标的革命的功利主义者，而不是只看到局部和目前的狭隘的功利主义者。……现在是'阳春白雪'和'下里巴人'统一的问题，是提高和普及统一的问题。"⑤

作为一种指导性的意见，毛泽东随后建议道：

"如果大家同意这个基本方针，则我们的文学艺术工作者、我们的文学艺术学校、文学艺术刊物、文学艺术团体和一切文学艺术活动，就应该依照这个方针去做。"⑥

按照毛泽东的意见，在彼时彼地共产党领导下的文学艺术教育领域中，奉行的是一种以"为人民的艺术"为"共性"的有关"教化和共性培养"的教育价值取向，其中的美术教育领域，自是亦然。（图1-93、图1-94）

"延安文艺座谈会"后，毛泽东在大会上的讲话精神被迅速地传播和贯彻到了各个革命区的各层次文学艺术实践中，产生了巨大的效果和作用，就其影响的深远程度而言，时至今日，在中国艺术和艺术教育领域内，我们仍可感受到它的不凡气魄与魅力。（图1-95）

1949年10月1日，中华人民共和国成立。此后直至1966年"文化大革命"开始，其间中国的美术教育事业取得了长足的进步与发展。但从价值取向的角度来考察此一阶段的中国美术教育领域，则仍然是"延安模式"中某种有关"教化"与"共性培养"传统的延续，为什么这样说呢？

共和国建国之初，无论是从应对严峻的外部国际

① 周扬. 周扬文集. 第一卷. 北京：人民文学出版社，1984；324.
② 毛泽东. 毛泽东选集·第三卷. 北京：人民出版社，1991；848.
③ 毛泽东. 毛泽东选集·第三卷. 北京：人民出版社，1991；853.
④ 毛泽东. 毛泽东选集·第三卷. 北京：人民出版社，1991；853.
⑤ 毛泽东. 毛泽东选集·第三卷. 北京：人民出版社，1991；864、865.
⑥ 毛泽东. 毛泽东选集·第三卷. 北京：人民出版社，1991；865.

图1-93_《减租会》_古元

图1-94_《帮助群众修理纺车》_力群

图1-95_《开国大典》_董希文

图1-96_《天安门前》_孙滋溪

环境还是从国内政治、经济、文化建设需要的考虑出发，文学艺术领域内都急需树立一种可以以之为标准的艺术规范，来统一人们的思想与实践。

"我们不赞成把文艺的重要性过分强调到错误的程度，但也不赞成把文艺的重要性估计不足。文艺是从属于政治的，但又反转来给予伟大的影响于政治。革命文艺是整个革命事业的一部分，是齿轮和螺丝钉，和别的更重要的部分比较起来，自然有轻重缓急第一第二之分，但它是对于整个机器不可缺少的齿轮和螺丝钉，对于整个革命事业不可缺少的一部分。"①

作为对这一现实需要的直接回应，便是"社会主义现实主义"这个源自于苏联文艺领域的命题的凸显与强调。因为早在1942年，在"延安文艺座谈会"上的发言

中，毛泽东就曾提及："我们是主张社会主义的现实主义的。"②而王朝闻[1909—2004]于1949年11月25日为其《新艺术创作论》一书所作"自序"中的一段文字，则或许可以从一个小小的侧面体现出，当时对"社会主义现实主义"的追求，已是多么地深入人心，书中言道：

"没有生活经验不能很好地进行创作。即使具有丰富的生活经验，不一定能够正确认识它并生动而又深刻地加以反映。具有相当基本技巧而又有志为人民服务的美术工作者（以及艺术工作者），不一定能够使他的作品成为较好的教育群众的工具。

这本书的出版，就是企图解决如何深刻地生动地反映生活并教育群众的问题。……如果愿意掌握社会主义的现实主义的创作方法的美术工作者（以及艺术工

① 毛泽东. 毛泽东选集·第三卷. 北京：人民出版社，1991：866.
② 毛泽东. 毛泽东选集·第三卷. 北京：人民出版社，1991：867.

作者），能够借此增加兴趣，共同商讨，解决这些问题，这本小册子的出版就有了它的意义。"[1]

从建国之初到"文革"爆发，中国的美术和美术教育事业无疑取得了巨大的成就。（图1-96）

乃至"文革"，一方面，原有的美术教育机制受到破坏，校园内的美术教育活动几乎陷入了一种停滞的状态；另一方面，各种各样的工农兵"画像班"、"美术创作班"、"美术培训班"却是在广大乡村、工厂纷纷涌现，一大批此前几乎从未摸过画笔的业余作者，有机会受到了美术教育。对于"文革"期间的教训，是不应该也不可以忘却与重蹈的。

---

[1] 王朝闻. 新艺术创作论. 北京: 人民文学出版社, 1963年版, "初版自序"第1页.

●延伸与拓展

一、知识点击

新兴木刻运动

新兴木刻运动起源于20世纪30年代的中国上海,鲁迅是此一运动的发起者与引路人。彼时团结在鲁迅周围的进步艺术家们,以木刻刀为武器,反映现实,揭露疾苦,发布号召,充分发挥艺术的社会功用与教化价值,创作出了一大批优秀的木刻作品。

20世纪40年代,以解放区和国统区为两大阵地,新兴木刻运动更是形成了繁荣兴旺的局面,其鲜明的政治立场和强烈的战斗性,日益成熟的创作队伍,不断推陈出新的艺术作品,使之于当时的地位和影响,可谓如日中天。

新兴木刻运动的发展历程,不仅仅是中国现代美术及美术教育史中的杰出篇章,亦是中华民族争取解放、争取自由的光辉一页。

二、思考练习

"还有,我们所说的文艺服从于政治,这政治是指阶级的政治、群众的政治,不是所谓少数政治家的政治。"(毛泽东:《在延安文艺座谈会上的讲话》)

请联系美术教育实践,围绕上述文字作相关的思考与阐述。

三、学习研究

"文革"虽然给中国的美术教育事业造成了巨大的损失和破坏。但不可否认的是,在那样一种特殊的历史情境中,有关美术教育的某些实践活动也于特定的时空内得到了普及,乃至产生和获得了持久的影响,譬如"农民画"。请结合对历史的考察,围绕"农民画与美术教育"这个议题作相关的研究和探讨。(图1-97、图1-98)

四、相关文献

1.毛泽东.在延安文艺座谈会上的讲话.毛泽东.毛泽东选集·第三卷.北京:人民出版社.

2.王朝闻.新艺术创作论.北京:人民文学出版社.

图1-97_ 1972年,陕西户县的农民画家李凤兰正在创作壁画——《为革命种棉花》

图1-98_ 20世纪70年代,陕西户县的农民画家们利用劳动间隙写生。

第十一讲 珍视传统

列宾美术学院——这座屹立在涅瓦河畔、曾经的俄罗斯皇家美术学院，其鼎鼎大名对于当代中国美术教育界而言，可谓是耳熟能详。（图1-99）

至于有关列宾美术学院的诸多介绍中，一位于2003年受中国国家留学基金委员会派遣，以访问学者身份赴列宾美术学院进行了为期一年进修和艺术考察的艺术家，作了如下描述：

"学院似乎不鼓励学生学习和探索新艺术，20世纪的现代艺术和当代艺术似乎与学院没有任何关系，我从老师的作品和坚定的目光中，看不出丝毫他们对自己的怀疑。当然，有些年轻老师也在努力探索个人的风格，如戈留塔，但只限于绘画手法的变化，而艺术观念则看不出与当代有多大的联系。学生也看不出对学院的教学有什么不满，无论外面的世界有多精彩，我有面包土豆足矣。"[1]

"无论外面的世界有多精彩，我有面包土豆矣"，由此获得的印象是——相比较于当今世界各国美术教育领域内纷纷扬起的创新大旗，列宾美术学院内的美术教育实践显得是颇有些"不合时宜"的"保守"，或者说"特立独行"。而那些来自于列宾美术学院内部的声音，则似乎是更进一步地加深了人们的此种印象，譬如：

"列宾美术学院是俄罗斯最古老、最大的美术学府。我院的声望不仅仅在于规模，更在于正确制订、很好组织的教学过程，其最终目的是为国家培养出技艺高超、受过全面教育的并在深造中获得专业素养的油画家、版画家、雕塑家、建筑家以及美术史家等现实主义大师。"[2]（图1-100、图1-101）

又如："版画系培养架上版画家、画手、水彩画家、书籍版画大师，以国内外现实主义造型艺术传统为根基并完成学院里所有造型创作的系里通行的、大学六年制的大纲。"[3]难道……当今列宾美术学院内的美术教育实践，真的就是一朵孤芳自赏的"现实主义"奇葩吗？

对于同一事物的看法，因为各自观察角度、关注重心的不一样，人们往往会有不同的判断和结论。其实，从积极的方面考虑，虽然身处一个如此凸显"变化"和日新月异的年代，列宾美术学院的美术教育实践所代表与追求的，却正是当下美术教育领域中一种逐渐

图1-99_列宾美术学院

图1-100_列宾美术学院教学场景之一

图1-101_列宾美术学院教学场景之二

① 武明中. 俄罗斯的美术环境与列宾美术学院的教学状况. 中国美术. 北京: 民族出版社, 2004: 94.
② 此为列宾美术学院院长、俄罗斯人民艺术家、俄罗斯艺术科学院通讯院士、教授奥·叶列米耶夫所语. 参见列宾美术学院. 俄罗斯列宾美术学院版画系学生作品集. 沈阳: 辽宁美术出版社, 1999: 1.
③ 此为列宾美术学院版画系主任、俄罗斯艺术科学院院士、教授沃·阿·魏特尔宫斯基所语. 参见列宾美术学院. 俄罗斯列宾美术学院版画系学生作品集. 沈阳: 辽宁美术出版社, 1999: 3.

被人们所重新肯定与欣赏，有关"教化与共性培养"的美术教育价值取向——珍视传统。如其所言：

"每天早晨，几百名来自俄国和世界各国的青年人急匆匆地到这个艺术殿堂里上课，在门上简明的题词写道：'献给自由艺术……'为了我国和世界艺术的光荣传统是值得保存和发扬的。我真希望，现在的学生们在有经验的教授们的指导下深探艺术奥秘，以画家大师的身份信心百倍地迈入21世纪，在艺术中讲述自己的语言。"① （图1-102、图1-103）

对比某些轻率的放弃和遗忘，列宾美术学院内的师生们对于历史与传统的那一份尊重和自信，则是显得尤为珍贵！（图1-104）

言及传统，美国社会学家爱德华·希尔斯[Edward Shils，1911—1995]曾经为此撰写了一部题名为《论传统》的著作，虽是一家之言，其文笔间却是不乏真知灼见。

爱德华·希尔斯首先描述了其所观察到的"传统"于当代的处境——"声名日下的传统"。②

"我们与过去的关系之现状是非常复杂的。在过去得到公认的惯例、设制或信仰的规范力量确实大势已去，在学术争论中，肯定这种规范力量的观点几乎已不复存在。与此相应，人们开始论证效率、合理性、便利、'时兴'，或他们提出的各种替代办法的进步性，而信仰、惯例或设制的传统却无力与这些论点相抗衡。"③

造成如此状况的原因，以爱德华·希尔斯的分析，主要有两个：

第一个原因是："长期以来，几乎在每一个西方国家，越来越多受过教育的人和开明人士认为，需要改变、取代或抛弃盛行于他们社会之中的大多数信仰、惯例和制度，代之以新的、而且毫无例外地是更好的信仰、惯例和制度。在一种站不住脚的推论的支配之下，现存的、特别是继承下来的东西屡屡遭殃，它们必须加以改变。……

这种激进的进步主义从来就是残缺不全的。人们对昔日所创造出来的艺术、文学以及哲学作品和著作推崇备至，虽然他们并不将其视作未来的创作模式。行家们以及广大公众对特定的艺术传统和文学传统常大加赏识，然而，艺术家和作家却并不认为他们自己必然要在这种传统的约束之下进行创作。传统影响着知识作品的创作，影响着人们的想象和表达，人们承认传统的这种作用，而且其成果也能为人们所赞赏，但是，作为行为和信仰的规范模式，传统则被认为是无用的累赘。对打着传统标记的制度、惯例和信仰有依恋之情的人被称作'反动分子'或'保守分子'；在一条由左向右的线轴上，他们被置于'右'端，而'右倾'就是错误的。"④

第二个原因是："在过去的一个世纪里，还有另一个，也许是更为深刻的思想运动一直妨碍着人们去接受传统的东西。这就是人们形而上学地惧怕被异己之物所累。人们相信，每个人都有一个富有潜力的个性，它寻找

图1-102_《自画像》_ [俄]列宾_[Ilya Yefimovich Repin，1844—1930]

图1-103_列宾与友人

图1-104_《伏尔加河上的纤夫》_[俄]列宾

① 此为列宾美术学院版画系主任、俄罗斯艺术科学院院士、教授沃·阿·魏特尔宫斯基所语。参见列宾学院. 俄罗斯列宾美术学院版画系学生作品集. 沈阳: 辽宁美术出版社, 1999: 3.
② [美]E.希尔斯. 傅铿, 吕乐, 译. 论传统. 上海: 上海人民出版社, 1991: 1.
③ [美]E.希尔斯. 傅铿, 吕乐, 译. 论传统. 上海: 上海人民出版社, 1991: 1, 2.
④ [美]E.希尔斯. 傅铿, 吕乐, 译. 论传统. 上海: 上海人民出版社, 1991: 3, 4.

着实现的机会，但却为社会强加的规范、信仰和社会角色所束缚。这种信仰与一种情绪相呼应。近来，'确立自己的身份'、'发现自己'，或'发现自己究竟是什么人'，被人们以一种更为流行，或庸俗的形式看作为是个人的首要责任。……他们的意思是，'忠实于自我'就是去发掘隐藏在未受污染的自我中的东西，即未受前辈相传下来的累积知识、规范和理想侵害的自我。"①

无须讳言，当我们回顾美术教育的历史时，无论是在世界的东方还是在世界的西方，有关"教化与共性培养"的美术教育价值取向都形成了一种传统。其中的规律似乎是：当美术教育被视为或作为一种"教化与共性培养"的工具与手段时，相应的便会有某种或某几种美术趣味、样式、风格、观念被明确为高尚的、进步的、优雅的、伟大的、权威的……以作为"教化"的内容，另外的一种或几种美术趣味、样式、风格、观念则有可能被指责为堕落的、倒退的、鄙俗的、渺小的、不值一提的……从而在美术教育的实践过程中遭受压制与排斥的命运。在人类美术教育事业的发展历程中，有时候，譬如路易十四统治下的法国或是"文化大革命"时期的中国大陆，由于某种"专制"因素的介入，这种"明确"与"指责"的程度都会被发挥到一个匪夷所思的极限。

但对于历史和传统的态度，有批判地继承是一回事，完全地拒绝、抛弃却又是另外一回事，我们不能因为倾倒脏水的缘故，而将澡盆中的孩子一起泼掉了。

"与祖先的成就失去联系会引起危害，因为它剥夺了未来一代人的导向图，而这是所有人，甚至是天才和先知

也都需要的。他们自己并不能以一种稳定而令人满意的方式即兴地创造出这类蓝图。当他们与祖先的成就失去联系时，他们还丧失了更多的东西。丧失祖先的形象同样是精神贫困的表征。他们丧失了对于超越他们自己、也超越同代人的那种集体的认同意识。"②

现在，距离爱德华·希尔斯《论传统》一书出版的1981年，历史车轮又继续滚滚向前迈进了不少岁月，而对比爱德华·希尔斯彼时可能或多或少显得有些无奈的语调，当下有关"传统"的命运则似乎正在朝着一个乐观的方向发展，因为已经有越来越多的人和领域开始重又意识到传统的价值、珍视传统的重要以及传统与创新之间的潜在联系。譬如这样的呼吁：

"教育是文化延续的重要途径。在实现中华民族伟大复兴的历史进程中，美术教育问题终究要提升到保持和发展民族美术这个战略高度来对待。百年文化激荡中的国画教学、书法教学、传统工艺美术教学一如这些本土美术形态本身，始终处在惊涛拍岸的前沿，备受西学潮流的冲击。……在保持和发展民族文化的目标下，当代美术教育应该针对中华文化的特性和规律，针对中华民族的人格理想和审美精神，针对中国艺术的学理认识和技艺法度要求，进行教育制度创新、教学理念创新和课程设置创新，彻底改变西学方式一统美术教育的局面，将长期被排斥和否定的中国传统美术教育方式和技艺传授方式重新纳入国家教育体系。"③（图1-105～图1-108）

珍视传统——这将是有关人类美术教育价值取向的一个永恒议题。

图1-105、图1-106、图1-107_ 湖南湘西土家族苗族自治州腊尔山区，一堂融入了民族传统文化元素的小学美术课。

图1-108_ 孩子们的课堂作品

① [美]E.希尔斯. 傅铿，吕乐，译. 论传统. 上海：上海人民出版社，1991：13、14.
② [美]E.希尔斯. 傅铿，吕乐，译. 论传统. 上海：上海人民出版社，1991：435.
③ 吕品田. 中国美术发展战略研究. 关山月美术馆. 开放与传播：改革开放30年中国美术批评论坛文集. 南宁：广西美术出版社，2009：246、247.

●延伸与拓展

一、知识点击

列宾[Ilya Yefimovich Repin, 1844—1930]

俄罗斯历史上伟大的批判现实主义艺术大师，一生不知疲倦，勤于探索与实践，在对生活的充分观察和深刻理解基础之上，创作了无数形象生动、主题鲜明的现实主义杰作，其艺术成就对于彼时俄罗斯社会生活各层面涉及之广阔和深入，是同时代其他任何一位俄罗斯画家都无法与之相比拟的。

现今俄罗斯美术教育领域内的最高学府——列宾美术学院，即是为了纪念这位艺术家而命名。

二、思考练习

当下美术教育实践中，有关传统的因素被日益凸显，而在对待传统的态度和策略上，我们常常可以听到的一种说法则是——"去其糟粕、取其精华"。但究竟何为糟粕？何为精华？我们又是否可以有一个判断的标准与依据？请作相关的思考与阐述。

三、学习研究

20世纪二三十年代的中国，受到"西学东渐"的影响，围绕着中国传统绘画与美术教育实践中的价值与地位问题，曾经有过一次范围广泛的"讨论"。请先仔细阅读如下一篇发表于彼时的短文，然后尝试作相关的研究与探讨。

国画也要提倡了

陶行知

上月19日至24日为上海美术专门学校举行国画展览会之期，该校校长刘海粟先生做了一篇宣言叫做《昌国画》，我看了，不禁为中国美术前途贺。中国人画中国画，自是当然之事，现在也要提倡了，岂非奇事！仔细想来，这又何足为奇，中国文化哪一样不是弄到这步田地呢？

近年来我参观学校时最觉得伤心的一件事，就是到处所见的学生图画作品，一百分之九十九是非驴非马的西洋画。五年前我陪杜威夫人参观的时候，她很严重地批评说："放弃固有的艺术去干这种三不像的外国画，断断乎是条走不得的错路。"

学画要想学得好，必得有四种要素：一是自己的天才，民族特长在个人身上之表现；二是名师之指点；三是名画之临摹；四是自然之熏染。在中国学校里学外国画，这四种要素，简直是一无所有，哪能学得好呢？若学国画，则自己的天才本来相近，名师之指点及名画之临摹，机会都比学外国画多得多，至于自然之熏染，则山川美景，触目皆是，更不必说了。在这种情形之下，倘能努力进修，不难在艺术上占一地位。我不是反对学外国画，我所反对的是三不像的外国画，是在无外国生命精神之环境里学候补字纸篓的外国画。看中国人画的西洋画，好像吃中国式的番菜，或美国式的杂炊，很难说得到欣赏。我很希望全国画家抱着"文艺复兴"的宏愿为国画开一新纪元。我更希望全国艺术教员还是自寻路走，不要蒙起头来跟人瞎跑。

四、相关文献

1.[美]E.希尔斯. 傅铿, 吕乐, 译. 论传统. 上海: 上海人民出版社.

第二单元
表现与个性的发扬

单元提示

　　"表现与个性的发扬"，仅从字面上理解，这就应该是一个在人类美术教育价值取向中与某种有关"教化与共性的培养"传统相对应的传统。具体到对美术教育价值的选择与评判以及对人们美术教育实践活动的指导上，"表现与个性发扬"传统所反对的，往往便是某种有关"教化与共性培养"传统所主张的，反之亦然。但在一定历史情境中，有关人类美术教育价值取向的这两个传统之间，其实又存在着达成和谐，形成一种平衡状态的极大可能。从《现代汉语词典》对于"表现"一词的其中一个解释——"故意显示自己（含贬义）"之中，我们应该还可以预见到，在有关"表现与个性的发扬"这一传统之中，所可能潜在的某种困难。

第一讲　命运的改变

19世纪末、20世纪初英国新黑格尔主义代表人物之一的鲍桑葵[Bernard Bosanquet，1848—1923]在其所著《美学史》一书中，曾经以一种不容置疑的语气指出：古代希腊思想家所有关于美的性质和价值的学说都基于一项形而上学的假定——"模仿说"，而柏拉图，则无疑是这批古代希腊思想家中最杰出的一位。从本书上一章的介绍中我们知道，正是由此假定出发，柏拉图提出了他那有名的"三床之辨"并将所谓的"模仿者"及其艺术斥责为"欺骗"，依柏拉图的意见，"他会宁愿做诗人所歌颂的英雄，不愿做歌颂英雄的诗人"。①

我们无从知道与柏拉图同时代的"模仿艺术家"对于柏拉图的态度曾有何反应，但我们不妨大胆推测，柏拉图的言论一定是会让他们颇感不快甚至有些沮丧的，而我们可以明确的一点是——总体而论——古希腊时代艺术家的地位并没有我们想象中的那样高。（图2-1）

作为柏拉图的学生，亚里士多德[Aristotle，公元前384—前322]于艺术领域中信奉的亦是"模仿说"，但在有关艺术模仿的性质问题上，亚里士多德与柏拉图之间却产生了一点小小的分歧。因为亚里士多德发现：

"事物本身看上去尽管引起痛感，但惟妙惟肖的图像看上去却能引起我们的快感，例如尸首或最可鄙的动物形象。（其原因也是由于求知不仅对哲学家是最快乐的事，对一般人亦然，只是一般人求知的能力比较薄弱罢了。我们看见那些图像所以感到快感，就因为我们一面在看，一面在求知，断定每一事物是某一事物，比方说，'这就是那个事物'。假如我们从来没有见过所模仿的对象，那么我们的快感就不是由于模仿的作品，而是由于技巧或着色或类似的原因。）"②

亚里士多德提醒人们注意，一件惟妙惟肖的艺术品中所包含或曰模仿的东西，除了来自于正常的感官知觉和感受所见到的现实外，还应该包括有某种可以引导人们求知并产生极大快感的东西。所谓艺术的模仿并不仅仅只是一种对"模仿"的"模仿"，而优秀的"模仿艺术家"在求知方面，则完全有可能与哲学家一样卓尔不群。

"就亚里士多德来说，普通经验的实在有丧失其控制地位的趋势。因为，从形而上学上来说，他指出，艺术——我们必须假定在一定程度上还有全部形式美——有能力再现看不见的东西和更深刻的实在。"③

亚里士多德的言论，对于那些曾深受柏拉图打击的"模仿艺术家"们来说，在某种程度上定会起到一种宽慰与鼓舞的作用，尽管亚里士多德的支持是通过一种相对含蓄的方式表达出来的。而五百余年后，一位新柏拉图主义者普罗提诺[Plotinus，205—270]，则是以一种更为清晰的方式和态度，重申了这种支持：

"然而，如果任何人因为艺术通过模仿自然进行创造而非难艺术的话，首先，我们就必须注意到，自然界的事物本身就是另外一些东西（即根本性的理性或理念）的模仿，其次，我们必须记住，艺术不是单纯地模仿有形的东西，而且深入到自然的来源，即理性。还有，艺术由于本身具有美，也凭空创造了不少东西，给有缺点的事物增添了一些东西，因为菲迪阿斯的宙斯雕像并不是按照任何人们感知到的原型塑造的，而是按照宙斯屈身向肉眼现身时应有的样子塑造的。"④

① [古希腊]柏拉图. 朱光潜，译. 文艺对话集. 北京：人民文学出版社，1963：73.
② 此段文字引自亚里士多德所著《诗学》。参见罗念生，杨周翰，译. 诗学·诗艺. 北京：人民文学出版社，1962：11、12.
③ [英]鲍桑葵. 张今，译. 美学史. 桂林：广西师范大学出版社，2001：67、68.
④ [英]鲍桑葵. 张今，译. 美学史. 桂林：广西师范大学出版社，2001：104.

在普罗提诺看来，的确，艺术是一种模仿，但艺术已经不再是"和真理隔着三层"，而是可以直接模仿真理，并且与同样模仿真理的自然界中的事物比较起来，艺术要更胜一筹。从柏拉图到亚里士多德再到普罗提诺，有关艺术模仿的性质发生了根本的转变。亚里士多德与普罗提诺对柏拉图理论的修正，或曰发展，预示了某种有关"模仿艺术家"及其艺术命运改变的可能，而这种可能，则是在文艺复兴时代早期的意大利最终成为了现实。（图2-2）

作为意大利文艺复兴三杰中最年长的一位，列奥纳多·达·芬奇[Leonardo da Vinci，1452—1519]从艺生涯的一个主要目标便是要将自己心爱的绘画艺术从一种微不足道的手工技艺提升为科学。为此，他曾经有过如下表述：

"鄙视绘画的人，既不爱哲学，也不爱自然。绘画是自然界一切可见事物的唯一的模仿者。如果你藐视绘画，你势必藐视了一种深奥的发明，……绘画的确是一门科学，并且是自然的合法的女儿，因为它是从自然产生的。为了更确切起见，我们应当称它为自然的孙儿，因为一切可见的事物一概由自然生养，这些自然的儿女又生育了绘画，所以我们可以公正地称绘画为自然的孙儿和上帝的家属。"①

达·芬奇仍然称绘画为自然的孙儿而非儿女，表明

他在某种程度上还未完全摆脱柏拉图的影响，但从其不遗余力地强调绘画与科学的联系并且身体力行的表现来看，他显然是最大限度地接受和发挥了由亚里士多德那儿得来的启示。（图2-3）

比达·芬奇小23岁，在其身后又多活了45年的米开朗琪罗，则有幸亲身体验和目睹了所谓"模仿艺术家"地位的彻底改变。（图2-4~图2-6）

当还是一个小男孩的米开朗琪罗告诉他的家人，说他想当一名画家时，他得到的回报是"精神沮丧，并时常受到莫名其妙的打击"②，因为，"画家职业要低于这样一个具有某种公民传统的佛罗伦萨家庭的抱负"③。而仅仅过了大约半个世纪，在教皇保罗三世[Pope Paul Ⅲ]的自主敕书中却明白无误地写道："那些模仿自然和表现超越世俗的神圣原则的图像的雕刻家、学者以及科学家，他们应该是自由的，不受石匠和手艺人的法则戒律的约束。"④之所以如此，唯一的理由是因为"才能出众的米开朗琪罗。由于他杰出的思想和天赋才能，在我们的时代中，在所有雕刻家中出类拔萃"⑤。

正是通过达·芬奇、米开朗琪罗，包括拉斐尔[Raphael，1483—1520]（图2-7、图2-8）这一辈艺术家的努力，以绘画和雕塑艺术为代表的所谓"模仿艺术"才得以从中世纪地位低下的手艺传统中独立出

图2-1_《雅典学院》_[意]拉斐尔

图2-2_列奥纳多·达·芬奇

图2-3_《维特鲁威人》_[意]列奥纳多·达·芬奇

图2-4_米开朗琪罗

① [意]列奥纳多·达·芬奇. 戴勉，译. 芬奇论绘画. 北京：人民美术出版社，1979：17，18.
② [德]佩夫斯纳. 陈平，译. 美术学院的历史. 长沙：湖南科学技术出版社，2003：34.
③ [德]佩夫斯纳. 陈平，译. 美术学院的历史. 长沙：湖南科学技术出版社，2003：34.
④ [德]佩夫斯纳. 陈平，译. 美术学院的历史. 长沙：湖南科学技术出版社，2003：36.
⑤ [德]佩夫斯纳. 陈平，译. 美术学院的历史. 长沙：湖南科学技术出版社，2003：36.

图2-5_《大卫》_[意]米开朗琪罗

图2-6_米开朗琪罗绘于西斯廷教堂的两大壁画巨制——《创世纪》与《末日审判》

图2-7_拉斐尔

图2-8_《椅中圣母》_[意]拉斐尔

来，而画家与雕塑家们则获得了他们的前辈恐怕连想都未曾想过的尊崇与荣耀。当拉斐尔不幸于37岁英年早逝后，彼时最著名的学者之一——红衣主教本博[Cardinal Bembo, 1470—1547]为他在罗马万神庙的陵墓上撰写了如下的墓志铭：

"此乃拉斐尔之墓，自然之母当其在世时，深恐被其征服；当其谢世后，又恐随之云亡。" ①

在这一时期的人物传记中，我们还可以读到大量有关将艺术家神性化的记载，艺术家往往被描述为"是上帝挑选出来执行一项特殊任务，或命中注定要去完成一个特别重要的使命的，因而上帝赋予他执行使命的才能"②的人，艺术家的才能不是通过后天的学习或实践取得，而是来自于某种天赋，就像传说中所提到的那样，米开朗琪罗"在吸进他奶妈的奶的同时，也吸进了对榔头和凿子的兴趣"③。对艺术家想象力和创造力的强调渐渐取代了对于"在精细技巧上的劳作和勤奋"④的珍视。

依照此一观念，既然在某种意义上，艺术家堪比神灵，那么，培养未来艺术家的教育，也自是应该非同寻常，在艺术家的培养过程中，人们所能做的似乎不再应该是去教化或规定什么，而只能是以无尽的宽容与耐心，等待未来的艺术家们将那早已预存于其独特个性中的、有关于美的天才和灵感，在大众面前一一表现，至于那些最终未能展示其才能者，则只能被证明为是"没有天赋"。至此，在美术教育价值取向上，应该说一种新的有关于"表现和个性发扬"的传统开始出现。

事实是，当文艺复兴时代的画家、雕塑家和他们的艺术最终摆脱了曾经卑微的地位与命运纠缠，并被渲染上一层尊贵的神性光辉后，一种身为艺术家的优越感和自豪情绪便油然而生，而当这种优越感和自豪情绪波及至美术教育领域，一种新的、呼唤个性自由、反对任何形式的束缚和压迫的美术教育价值取向的出现就是"水到渠成"之事了。

当然，若是要将其变为现实，则还尚须时日。因为——根据佩夫斯纳[Nikolaus Pevsner, 1902—1983]的研究——没有任何证据表明在文艺复兴时代的美术教育领域，这种新的美术教育价值取向曾被付诸实践，而只是到了18世纪末、19世纪初，伴随着一股有关艺术家个性自由与浪漫表现思潮的强势复兴，有关"表现和个性发扬"传统的美术教育价值取向才开始于西方美术教育领域内渐成气候。

① [英]贡布里希. 范景中，译. 艺术发展史——"艺术的故事". 天津：天津人民美术出版社，1998：177.
② [奥]克里斯，库尔茨. 邱建华，潘耀珠，译. 艺术家的传奇. 杭州：中国美术学院出版社，1990：49.
③ [奥]克里斯，库尔茨. 邱建华，潘耀珠，译. 艺术家的传奇. 杭州：中国美术学院出版社，1990：45.
④ [奥]克里斯，库尔茨. 邱建华，潘耀珠，译. 艺术家的传奇. 杭州：中国美术学院出版社，1990：42.

●延伸与拓展

一、知识点击

1.亚里士多德[Aristotle, 公元前384—前322]

古希腊时代伟大的哲学家、思想家和教育家,一生勤奋治学,从事的学术研究涉猎极广,其著述被誉为古代的百科全书。

亚里士多德师承柏拉图,却不盲从,而是在继承的基础上勇于思考,求索真知,所谓"吾爱吾师,吾尤爱真理"。

效仿其师,亚里士多德同样于雅典开创了自己的学园,因为据说亚里士多德习惯一边漫步一边讲学,彼时学园里的哲学亦被称之为"漫步的哲学"。

2.列奥纳多·达·芬奇[Leonardo da Vinci, 1452—1519]

意大利"文艺复兴三杰"之一,被后世誉为欧洲文艺复兴时期最杰出的代表。其学识渊博,多才多艺,除了艺术,还广泛地研究与艺术有关的一切知识领域,特别是晚年,极少作画,专心于科学和发明,涉及领域从生理解剖到武器制造,几乎无所不包。

列奥纳多·达·芬奇一生完成的艺术作品虽然不多,但件件皆是可以传世的不朽名作,深沉、含蓄而富有理智。艺术和科学,在列奥纳多·达·芬奇身上,得到了最完美的结合与体现。

3.拉斐尔[Raphael, 1483—1520]

意大利"文艺复兴三杰"中最年轻的一位,他博采众家之长,而后加以综合形成自己优美典雅的艺术风格,虽然在这世上只活了短短的三十七年,却取得了与列奥纳多·达·芬奇、米开朗琪罗两位巨匠鼎足而立的卓越成就,成为后世不可企及的典范。

拉斐尔尤其擅长于描画圣母,所绘圣母区别于之前中世纪艺术家们的创造,秀丽、恬静、安详,充满着母性的温情与力量,代表了古典艺术最为崇尚的审美趣味和理想。

图2-9_少年大卫_ [意]安德烈亚·德尔·韦罗基奥_[Andrea del Verrocchio, 1435—1488]

二、思考练习

1.从柏拉图到亚里士多德再到普罗提诺,有关艺术家所"模仿"对象的性质和内涵发生了怎样的改变?请作相关的思考与阐述。

2."安德烈亚·德尔·韦罗基奥,佛罗伦萨人,金银匠、透视学大师、雕塑家、木雕匠、画家和音乐家。但是在雕塑和绘画方面,老实说,他的风格有点僵硬和粗糙,一个不是凭天赋的颖异而是靠勤学苦练的人,往往如此。尽管他笨手笨脚,可是他好学不倦,最终成为这些艺术中的圣手,因为最完美的艺术是笃学和天资的统一。(图2-9)如果二者缺一,就很难跻身于第一流的行列。勤学苦练毕竟至关紧要,在这方面安德烈亚胜过了其他匠人,因此,他成为首屈一指的巨匠之一。"([意]乔治·瓦萨里:《著名画家、雕塑家、建筑家传》)

如乔治·瓦萨里所言："最完美的艺术是笃学和天资的统一。"针对上述一段文字所描述的内容,请作相关的思考与阐述。

三、学习研究

列奥纳多·达·芬奇、米开朗琪罗、拉斐尔三位巨匠,并称"意大利文艺复兴三杰"。他们的理想与实践,对于他们所生活时代的美术和美术教育领域而言,可谓具有相当的代表性,请结合对历史史实的具体考察,尝试展开相关的研究与探讨。

四、相关文献

1.[意]乔治·瓦萨里. 刘明毅,译. 著名画家、雕塑家、建筑家传. 北京: 中国人民大学出版社.

2.[古希腊]柏拉图. 朱光潜,译. 文艺对话集. 北京: 人民文学出版社.

3.[英]鲍桑葵. 张今,译. 美学史. 桂林: 广西师范大学出版社.

4.[奥]克里斯、库尔茨. 邱建华、潘耀珠,译. 艺术家的传奇. 杭州: 中国美术学院出版社.

第二讲　解衣般礴

与文艺复兴时代之前的西方世界一样，在中国历史上的魏晋南北朝之前，所谓的"画缋之事"、"刻削之道"作为"百工技艺"中之一种，是不能登大雅之堂的，"六艺"之中亦是只有"音乐"而无"美术"。那位混淆了艺术与迷信界限的朴素唯物主义论者——东汉上虞人王充，更是斥图画为"虚妄之象"。[①]（这不能不让我们想起柏拉图对于绘画也曾有过的相似指责。）

直到魏晋之时，情况才似乎开始有了明显的改变。西晋人陆机尝云："丹青之兴，比雅颂之述作，美大业之馨香。"[②]

将绘画与《诗经》中的雅和颂相提并论，对绘画的评价已是不可谓不高。而在某种意义上，这种变化的最初征兆，则是一直可以追溯到春秋战国之际，那件发生于宋元君宫廷中的逸事："宋元君将画图，众史皆至，受揖而立，舐笔和墨，在外者半。有一史后至者，儃儃然不趋，受揖不立，因之舍。公使人视之，则解衣般礴，臝。君曰：'可矣，是真画者矣。'"（《庄子·外篇·田子方第二十一》）（图2-10）

至于出自魏晋南北朝后期北齐人颜之推所撰《颜氏家训》中一段有关于绘画的文字，对彼时艺术领域内的这种变化则是作出了更为详细的描述：

"画缋之工，亦为妙矣。自古名士多或能之。吾尝有梁元帝手画蝉雀白团扇及马图，亦难及也。武烈太子偏能写真，坐上宾客随宜点染，即成数人，以问童孺皆知姓名矣。萧贲、刘孝先、刘灵并文学已外，复佳此法。玩阅古今，特可宝爱。若官未通显，每为公私使令，亦为猥役。吴郡顾士端出身湘东王国侍郎，后为镇南府刑狱参军，有子曰庭，西朝中书舍人，父子俱有琴书之艺，尤

图2-10_《泼墨仙人图》_[南宋]梁楷

妙丹青，常被元帝所使，每怀羞恨。彭城刘岳，橐之子也，仕为骠骑府管记，平氏县令，才学快士，而画绝伦。后随武陵王入蜀，下牢之败，遂为陆护军画支江寺壁，与诸工巧杂处。向使三贤都不晓画，直运素业，岂见此耻乎？"（《颜氏家训·杂艺第十九》）[③]

其一，《颜氏家训》中指出，自古便多有名士擅长于绘画，譬如梁元帝萧绎、梁武烈太子萧方、萧贲、刘孝先、刘灵。

其二，也是更为重要的一点，《颜氏家训》中强调，虽然"画缋之工，亦为妙矣"，但若是擅画之人"官未通显，每为公私使令"则"亦为猥役"，如吴郡顾士端、其子庭及彭城刘岳的遭遇。因此，便有了两种不同的绘画活动，一种是位高权重者"玩阅古今，特可宝爱"的绘画活动；一种则是凡夫俗子为人驱使而令画者"每怀羞恨"的绘画活动。显然，在前者意义上，画家与绘画的地

① 语出《论衡》之《雷虚篇》。参见[东汉]王充. 袁华忠，方家常，译: 中国历代名著全译丛书——论衡全译. 贵阳: 贵州人民出版社，1993: 410、411.
② 俞剑华. 中国古代画论类编. 北京: 人民美术出版社，2000: 13.
③ 俞剑华. 中国古代画论类编. 北京: 人民美术出版社，2000: 15.

图2-11 《秋舸清啸图》_
[元]盛懋

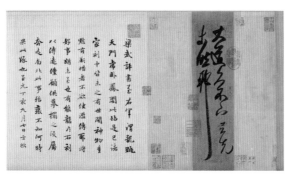

图2-12 东晋王羲之所书《大道帖》，传为北宋米芾摹本

图2-13 《自叙帖》（局部）_[唐]怀素

位被大大提高了。

依《颜氏家训》中的意见，似乎是只有先"官通显"，然后才可以"妙丹青"、"画绝伦"，不然，丹青之艺给擅画者带来的只能是耻辱。而实际上，颜之推之前的刘宋时人宗炳、王微已经以自己的实践证明，即便是"官未通显"，只要隐而不仕，亦可"佳此法"。

宗炳，"字少文，南阳涅阳人。善书画。江夏王义恭尝荐炳于宰相，前后辟召竟不就。善琴书，好山水，西陟荆巫，南登衡岳，因结宇衡山，怀尚平之志。以疾还江陵，叹曰：'噫！老病俱至，名山恐难遍游。唯当澄怀观道，卧以游之。'凡所游历，皆图于壁，坐卧向之，其高情如此。年六十九"。在其所作《画山水序》一文中，宗炳开篇即谈道："圣人含道映物，贤者澄怀味像。至于山水质有而趣灵，是以轩辕、尧、孔、广成、大隗、许由、孤竹之流，必有崆峒、具茨、藐姑、箕首、大蒙之游焉。"而自然山水中之"灵"、"神"，依宗炳之见，是皆可于山水画中表现的，且与自然界中的真山水比较起来，一张成功的山水画将毫不逊色，所谓："如是，则嵩华之秀，玄牝之灵，皆可得之于一图矣。……应会感神，神超理得，虽复虚求幽岩，何以加焉？又神本亡端，栖形感类，理入影迹，诚能妙写，亦诚尽矣。"①（图2-11）

王微，"字景玄，琅琊临沂人，善书画。尝居一屋，读书玩古不出十余年。与友人何偃书曰：'吾性知画，盖鸣鹄识夜之机。盘纡纠纷，咸纪心目。故山水之

好，一往迹求，皆得仿佛。'竟不辟。世祖以贞栖绝俗，赠秘书监"。其画论《叙画》一篇，乃是因友人颜延之来信中"以图画非止艺行，成当与易象同体"之言，有感而发。在《叙画》中，王微强调绘画不是"以案城域，辩方州，标镇阜，划浸流"的一门手艺，而应该"以一管之笔，拟太虚之体"，因为"本乎形者融，灵而动变者心也。灵亡所见，故所托不动；目有所极，故所见不周"。至于为何要作画、观画，王微说道："望秋云，神飞扬；临春风，思浩荡。虽有金石之乐、圭璋之琛，岂能仿佛之哉！披图按牒，效异山海。绿林扬风，白水激涧。呜呼！岂独运诸指掌，亦以神明降之。此画之情也。"②

魏晋南北朝之际，艺术领域内的一个显著变化是，作为一种修养的方式和手段，绘画进入了上流社会阶层的生活，画家及其艺术的地位和命运得到了某种程度的改善，涌现出了一大批不同于"坊间画匠"而名垂青史的士人画家。

这是一个充满了乱世的萧瑟、衰败、人心险恶与生灵涂炭的时代，但同时也是一个在中国历史上画坛人才辈出的时代。或许，也正是因为现实的黑暗，才促使宗炳、王微这么一批深谙委曲求全、明哲保身之道的士人，更加全身心地投进了大自然的怀抱。他们似乎是不约而同地于青山绿水中，发现和提炼出了一种与心灵共通的"独特之物"——"灵"或曰"神"，然后借助于"山水画"的形式，以表现"神"、重温"神"的名义，将自己

① 本段中所引文字参见俞剑华. 中国古代画论类编. 北京：人民美术出版社，2000：583、584.
② 本段中所引文字参见俞剑华. 中国古代画论类编. 北京：人民美术出版社，2000：585、586.

那在现实世界中饱受折磨、压抑的"个性"，到画面中去自由畅快地释放、抒发。

"于是闲居理气，拂觞鸣琴，披图幽对，坐究四荒，不违天励之藂，独应无人之野。峰岫峣嶷，云林森眇，圣贤映于绝代，万趣融其神思，余复何为哉？畅神而已，神之所畅，孰有先焉！"①

而如果我们意识到，宗炳、王微及与其同一时代的许多士人的绘画活动本身，即是一种通过"美术创作"和"美术欣赏"进行的"自我教育"的话，那么，我要说，一种新的，有关于"表现与个性发扬"的美术教育价值取向传统在彼时中国美术教育领域内，就已经是"蓄势待发"了。当然，这一等待的过程，同样漫长——直到五百余年后，一场"文人画"运动的兴起。

在这五百余年间，从某种意义上说，代替美术更多行使"表现与个性发扬"功能的，则是一门为中华民族所独有的艺术——书法。②（图2-12、图2-13）

"画乃吾自画，书乃吾自书。"③其言不虚也。

●延伸与拓展

一、知识点击

《颜氏家训》

《颜氏家训》一书成稿于隋朝初年。作者颜之推是中国南北朝时期的思想家、教育家、文学家，虽生于乱世，功名不显，却因撰写了一部有关自己一生处世、为学经验总结的《颜氏家训》而享誉千秋。

从古至今，《颜氏家训》一直都被作为中国传统社会中的家教典范，代代相传，广为刊刻，其影响力经久不衰。

二、思考练习

据说一次游玩途中，唐太宗忽见池中有奇鸟，很是喜欢，便急召彼时已是主爵郎中的阎立本为之作画，阎立本"奔走流汗，俯伏池侧，手挥丹素，目瞻坐宾，不胜愧报。"回家后，即告诫其子说："吾少好读书属词，今独以丹青见知，躬厮役之务，辱莫大焉，尔宜深戒，勿习此艺。"（[唐]张彦远：《历代名画记》）

一代丹青大家阎立本，竟因绘事受辱，乃至于要告诫其子勿习此艺。联系《颜氏家训》中所云"若官未通显，每为公私使令，亦为猥役"，请作相关的思考与阐述。

三、学习研究

书画同源，在传统的中国美术及美术教育领域，书法的价值与影响力都非比寻常。请结合对史实的具体考察，尝试将魏晋至隋唐期间中国书法艺术的发展脉络作一简洁的梳理，并展开相关的研究与探讨。

四、相关文献

1.俞剑华. 中国古代画论类编. 北京：人民美术出版社.

---

① 语出宗炳撰《画山水序》。参见俞剑华. 中国古代画论类编. 北京：人民美术出版社，2000：583、584.
② 依目前国内学界的一般认识，"书法"似乎是被归入到"美术"之中的。但本书此处以为，以"书法"在中华民族艺术发展史上所具有的独特意义与地位而论，其实在是应该与"美术"一道，并列于"艺术"门下。
③ 此为东晋人王廙语。参见俞剑华. 中国古代画论类编. 北京：人民美术出版社，2000：14.

第三讲　文人画

公元10世纪到13世纪的两宋时期，一场"文人画"运动在中华大地上勃然兴起。

什么是"文人画"？从字面上理解，便是"文人作画"或是"文人作的画"，而从其性质上，陈衡恪[1876—1923]于1921年发表的《文人画之价值》一文中，则是有更为深刻的阐述：

"何谓文人画？即画中带有文人之性质，含有文人之趣味，不在画中考究艺术上之功夫，必须于画外看出许多文人之感想。此之所谓文人画。或谓以文人作画，必于艺术上功夫欠缺，节外生枝，而以画外之物为弥补掩饰之计。殊不知画之为物，是性灵者也，思想者也，活动者也。非器械者也，非单纯者也。否则直如照相器，千篇一律，人云亦云，何贵乎人邪！何重乎于艺术邪！所贵乎艺术者，即在陶写性灵，发表个性与其感想。而文人又其个性优美，感想高尚者也。其平日之所修养品格，迥出于庸众之上。故其于艺术也，所发表抒写者，自能引人入胜，悠然起澹远幽微之思，而脱离一切尘垢之念。"[1]（图2-14）

对于此一解释，后世学界是颇为认可的。由此可见，所谓"文人画"秉承的，正是自魏晋以来，文人士大夫以赏画、作画为修身养性之道的这样一种作风与传统，也因而，"文人画"同样可以被认作是文人借助于"美术创作"和"美术欣赏"而进行的一种"自我教育"。接下来的问题是，为什么偏偏是在宋代，具体说是北宋时期，会生发出一场大规模的"文人画"运动呢？根据葛兆光在《中国思想史》一书中的研究，"恰恰是在皇权膨胀的北宋的十一世纪七八十年代"[2]，在当时的政治首都汴梁与文化中心洛阳两个城市之间，渐渐形成了一种

图2-14_《荷花扇面》_陈衡恪

由掌握政治资源的皇帝、政府及官员为一方，而以掌握了知识资源的士大夫阶层为一方的对峙。在此之前的古代中国，是很少出现这种政治重心与文化重心严重分离的现象的，"古代中国的政治权力总是相当成功地占有着文化权力"[3]。（图2-15）

对于彼时文化知识领域内的这种"现状"，宫廷当然是不能容忍，如是便有了种种企图用某种统一的思想秩序来消除混乱、加强皇权的措施的出现，而作为一种反动，则是士大夫阶层对于这种带有严重专制倾向的话语权力的强烈反感。

再看看彼时的美术教育领域，作为一种统一的措施与象征的是，宫廷画院的机制正变得日益完备，所谓"院体"的风格也日趋成熟。与此同时，经过5个多世纪的发展，绘画作为一种自我修养的手段也是更加深入广泛地进入了上流社会阶层的生活。从一种维护自身人格理想独立的愿望出发，士大夫们当然需要创造一种属于自己的绘画方式与风格，来与皇家"对弈"。且从某种程度上说，在一个皇权社会中，借助于一种艺术媒介来表达自己的"异见"与"个性"，当然要比政治上的直接对抗来得更为现实，也更为安全。这或许便是一场大规模的"文人画"运

① 陈衡恪. 文人画之价值. 郎绍君，水天中. 二十世纪中国美术文选·上卷. 上海：上海书画出版社，1999：67.
② 葛兆光. 中国思想史·第二卷. 上海：复旦大学出版社，2001：186、187.
③ 葛兆光. 中国思想史·第二卷. 上海：复旦大学出版社，2001：186.

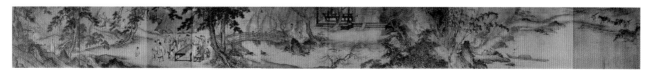

图2-15_《西园雅集图》_[南宋]马远

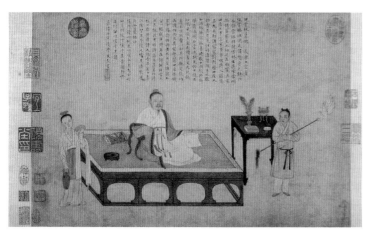

图2-16_《倪瓒》_[明]仇英

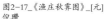

图2-17_《渔庄秋霁图》_[元]
倪瓒

图2-18_《奇山突兀图》_[清]石涛

动之所以在北宋期间出现的原因所在吧。

既然将"文人画"视为文人对自己实行的一种"自我美术教育"，那么，其中的美术教育价值取向也自是会有别于宫廷中的"教化与共性培养"传统，体现出一种"表现与个性发扬"的倾向来。而可以作为一个证明的，便是苏轼所作题画诗《书鄢陵王主簿所画折枝二首》中被一再引用的那两句："论画以形似，见与儿童邻。"①

其一，所谓"形似"正是彼时宫廷画院美术教育中所强调的一种"共性"；其二，苏轼来自于文人士大夫阶层；其三，苏轼本人也是极爱通过绘画来陶冶性灵这样一种"自我教育"方式的。（图2-16）

元代，对于那时的中国文人来说，绝对不是一个适宜于生存的年代。严酷的民族分化与歧视政策再加上科举制度的废除，使得大批受儒家正统观念影响、不堪屈辱的汉族文人们普遍处在了一种进取无门的尴尬境地。既然无法"达则兼济天下"，剩下的唯一选择似乎就只能是遁迹山林、寂寞守志，过一种清苦、淡泊的生活，"穷则独善

其身"了。即便是少数入仕朝廷者，譬如赵孟頫，也是背负着天下的骂名，时时彷徨痛苦，一生郁郁而终。

在这样一种"个性"普遍感到压抑的情境中，文人们是需要一种手段和方式来排忧消愁的，而既然早在魏晋时代，便已经发现和形成了一种通过绘画来进行"自我教育"与"心灵安慰"的传统，那么，现在将其继承过来并发扬光大，自然是顺理成章。（图2-17）

"仆之所谓画者，不过逸笔草草，不求形似，聊以自娱耳。"②

这是一种心灵对自由的呼唤，亦是一种有关"表现与个性发扬"的美术教育价值取向。

明、清两代，相对于元代的漠视与"边缘化"，文人们又再一次地受到了关注与重视，但与之一同到来的，则还有某种对"文化专制主义"的强调。无论其是来自于宫廷还是源自于民间，在彼时的美术教育领域，占据着主流地位的始终是一种保守的、有关"教化与共性培养"传统的美术教育价值取向。而仅仅是在以绘画作为某种"自我教育"方式的局部时空内，一种有关"表现与个

---

① 俞剑华. 中国古代画论类编. 北京：人民美术出版社，2000：51.
② 元人倪瓒语。参见俞剑华. 中国古代画论类编. 北京：人民美术出版社，2000：706.

性发扬"的美术教育价值取向才得以延续和存在，譬如朱耷、石涛（图2-18）、郑燮的绘画实践。我们或许可以援引其中"苦瓜和尚"石涛的一段话，来最终为此一说：

"画有南北宗，书有二王法。张融有言：'不恨臣无二王法，恨二王无臣法。'今问南北宗，我宗耶？宗我耶？一时捧腹曰：'我自用我法。'"①

●延伸与拓展

一、知识点击

1.陈衡恪[1876—1923]

陈衡恪，字师曾，号槐堂，又号朽道人，江西修水人。曾留学日本，后又拜吴昌硕[1844—1927]为师，历任教育部编审、国立北京美术专门学校教授等职，于诗词、书法、篆刻、绘画无一不精，是近代中国著名的书画家与美术教育家。

2."西园雅集"

魏晋以降，伴随着知识阶层自我意识的觉醒，文人雅集之事，可谓代不绝踪。

北宋元丰至元祐年间的某天，驸马王诜就曾在自家西园中邀请了以苏轼为首的十五位文人好友一起吟诗作画、谈禅论道。挥毫用墨中，抚琴唱和，其乐融融，俨然一个世外桃源！身处其中的李公麟、米芾则是分别作图和记以为纪念。

由于彼时与会的十六人皆是赫赫有名的翰苑奇才，人们景仰之余，亦纷纷效仿摹绘，乃至"西园雅集"此后竟发展成为备受文人士大夫们喜爱的、一个固定的文艺作品题材。

二、思考练习

作为一种文人的自我美术教育实践，宋代"文人画"与彼时宫廷画院内的美术教育实践之间有何区别？两者之间又是否存在某种联系？请作相关的思考与阐述。

三、学习研究

中国古代文人画家们的艺术理想和实践，于当代美术及美术教育领域，亦是多有启发，请作相关的研究与探讨。

四、相关文献

1.陈衡恪. 文人画之价值. 郎绍君、水天中，编. 二十世纪中国美术文选·上卷. 上海：上海书画出版社.

---

① 俞剑华. 中国古代画论类编. 北京：人民美术出版社，2000：163.

第四讲　胜利的造反者

1800年前后的德国，一种让人心潮澎湃但却并非首创的观念正在日益蔓延。在席勒[Johann Christoph Friedrich Von Schiller，1759—1805]所谓"对于美与艺术进行探讨的成果"①中，这一观念得到了清晰的传达，席勒宣称：

"我不愿意生活在另一个世纪，也不愿意为另一个世纪而工作。正如每个人都是国家的公民一样，他同样也是时代的公民。如果不可能甚至不允许他与自己生活圈子的习俗隔绝开来，那么为什么没有义务在他活动的选择中使他的抉择包含时代的需要和审美趣味呢？

但是这种抉择似乎对艺术不利，它至少不利于我的探讨所涉及的那些艺术，事件的进程使时代的创造精神朝着越来越远离理想艺术的方向发展。艺术必须摆脱现实，并以加倍的勇气越出需要，因为艺术是自由的女儿，它只能从精神的必然性而不能从物质的欲求领受指示。然而在现时代，欲求占了统治地位，把堕落了的人性置于它的专制桎梏之下。……"②（图2-19）

而在美术教育领域，因为对此一观念的信仰，则最终酿成了一场矛盾的爆发。矛盾的一方是一位名叫卡斯滕斯[Carstens，1754—1798]的艺术家，另一方是主管着当时柏林美术学院的海尼茨[Heinitz，1725—1802]——一位性情仁厚的慷慨之士。（图2-20、图2-21）

两人交往的早期，海尼茨曾经给予了卡斯滕斯大量难能可贵的提携和关照，并帮助其争取到一份罗马奖学金，让卡斯滕斯凤愿得偿，出于一种对学院和官方近乎天

图2-19_歌德与席勒（右）_[Johann Wolfgang von Goethe，1749—1832]

图2-20_卡斯滕斯

图2-21_海尼茨

① [德]席勒. 徐恒醇，译. 美育书简. 北京：中国文联出版公司，1984：35.
② [德]席勒. 徐恒醇，译. 美育书简. 北京：中国文联出版公司，1984：37.

生的憎恶感，卡斯滕斯带给海尼茨的回报往往是令人失望的难堪。只是到了最后，当卡斯滕斯毫无商量余地地拒绝了海尼茨以学院名义发出的请求，而坚持要继续留在罗马时，海尼茨才压抑不住心中的愤怒，给卡斯滕斯寄去了如下这样一段仍不乏真诚与克制的文字：

"我不想提醒你未向议事会表示感谢，它在此地和罗马都为你提供了最大限度的支持。尽管你是个外国人，尽管学院经费很少——我只想提出以下这一点：任何地方都没有这样的惯例可任意地、自作主张地取消相互间的责任，普鲁士更是如此——现在你自己说说看你如何对待学院给予你的好处，你为学院提供了什么有用的服务以回报学院花在你身上的这一大笔钱？"①

卡斯滕斯的回复同样语气诚恳但却是态度坚定：

"我愿告诉阁下，我不属于柏林美术学院，而是属于全人类……我只能在这里，在世界上最优秀的艺术作品中间发展自己，我将继续不遗余力地以我的工作向世界证明我自己的能力……我的才能由上帝赋予；我必须是一个有良知的管家，所以，当我被召唤去述我的管家之职时，我无须说：主，我已将你所赋予我的天才葬送在柏林了。"②

就像佩夫斯纳所评价的那样——"今天的个人可以在这场争论中根据自己的意愿支持某一方。"但"从历史的观点来看，即从1800年的观点来看，卡斯滕斯是对的。接踵而来的便是他的革命的个人主义时代。"③

在道义上，卡斯滕斯也并不缺乏同时代盟友的声援和支持，我们不妨来听听这些意见和见解：

"艺术必须感觉自由与独立，仿佛它必须统治，如果它要繁荣的话；如果它被统治与控制，必将衰落与消亡。——海因里希·迈尔[Heinrich Meyer]"④

"所有受到赞助人或个人资助的画家学校，无论是公立还是私立的，都是艺术落难的征兆，公众唾弃与趣味堕落的纪念碑。——富塞利[Fuseli]"⑤

"（在美术学院中）一切高贵的情感，一切有价值的思想都被压制、被吓跑。——奥韦贝克[Overbeck]"⑥

"在这所美术学院[他指的是1820～1825年间德累斯顿美术学院]，素描先画原物，再画石膏像……其做法十分刻板……你要学习画轮廓和精致的影线。……我并不理解，或许只有极少数人能理解。这完全是机械性的复制。——里希特[Ludwig Kichter]"⑦

所有的意见，仿佛都在用同一个声音呼唤：要自由，不要奴役！

"这似乎是历史的奇想：所有指责——是生意，不是艺术；是强制，没有自由；是平庸，不是天才——这些是第一批美术学院会员和他们的先辈们泼在行会头上的脏水，现在却泼到了美术学院头上。在欧洲艺术史上艺术家们第二次诅咒他们的祖宗和故土，以便获得完全的解放。"⑧

不同之处是，这一次的目标更为明确，来势也更加汹涌。作为回应，最初的建议出现了：

"不要花太多时间去复制；尝试着创新，这是极乐之游戏。……没有一个人能为所有人制定规则，每个人只能为他自己制定规则……提防将你的规则和信条粗暴地强加于所有人。……你不能像学算术一样来学；它是自由艺术，不以老师为转移。"⑨

当最终有人说出"让每个人都有他自己的做法和自我表现的方式，以你的忠告去帮助学生，而不是制订规则"⑩的时候，一种有关于"表现与个性发扬"的美术教育价值取向已是表露无遗。而首先将言

① [德]佩夫斯纳. 陈平，译. 美术学院的历史. 长沙：湖南科学技术出版社，2003；167、168.
② [德]佩夫斯纳. 陈平，译. 美术学院的历史. 长沙：湖南科学技术出版社，2003；168.
③ [德]佩夫斯纳. 陈平，译. 美术学院的历史. 长沙：湖南科学技术出版社，2003；168.
④ [德]佩夫斯纳. 陈平，译. 美术学院的历史. 长沙：湖南科学技术出版社，2003；131.
⑤ [德]佩夫斯纳. 陈平，译. 美术学院的历史. 长沙：湖南科学技术出版社，2003；167.
⑥ [德]佩夫斯纳. 陈平，译. 美术学院的历史. 长沙：湖南科学技术出版社，2003；171.
⑦ [德]佩夫斯纳. 陈平，译. 美术学院的历史. 长沙：湖南科学技术出版社，2003；171、172.
⑧ [德]佩夫斯纳. 陈平，译. 美术学院的历史. 长沙：湖南科学技术出版社，2003；175.
⑨ [德]佩夫斯纳. 陈平，译. 美术学院的历史. 长沙：湖南科学技术出版社，2003；174.
⑩ [德]佩夫斯纳. 陈平，译. 美术学院的历史. 长沙：湖南科学技术出版社，2003；174.

图2-22_沙多所绘《与两位兄弟在一起的自画像》，其中手持画笔与调色盘者即为沙多

语化为行动的，是一位画家——沙多[Friedrich Wilhelm Schadow，1789—1862]和一种名为"高级班"的制度。（图2-22）

1826年，沙多被任命为杜塞尔多夫美术学院的院长，按照其前任科内利乌斯[Peter Cornelius，1783—1867]（图2-23）的构想，"高级班"中"不应有任何'精神的窒息与胁迫'，每个学生应能保持他的'自然的、真实的、自由发展的独特性和独立性'"[①]。沙多成功地使这一构想变为了现实。根据佩夫斯纳的描述，在接下来的一段时期里，杜塞尔多夫一度成为公认的欧洲艺术中心之一。

作为将有关于"表现与个性发扬"传统的美术教育价值取向应用于美术学院教学实践的肇始，这应该是一个不错的"开局"，但如果我们没有忘记，作为一种传统，在美术学院中那关于"教化与共性培养"传统的美术教育价值取向有着更为深厚的根基与久远的历史的话，我们就应该明白，彼时摆在那些"自由与个性表现倡导者"面前的，还仅仅只是一条充满曲折变化的漫漫长途，而我们也不至于感到惊讶，为什么那些已经不再让人觉得有新意、针对美术学院的嘲笑和辱骂声，会在19世纪下半叶、20世纪初的欧洲大陆上伴随着"为艺术而艺术"的呐喊再次响起。

图2-23_科内利乌斯

或许，只有跨越时空的间隔，到20世纪末的欧洲和美洲去看看，我们才能真正感受到有关于"表现与个性发扬"传统的美术教育价值取向在接下来将近一又四分之三个世纪的时间里，于西方学院美术教育体系中所取得的进展。

"西方的美术教学往往在一开始就鼓励学生建筑自己的个性，往不同的方向发展。"[②]

"阿克赛尔今年五年级，……他谈到：……艺术家应该是独一无二的，应该是不同于其他人的独立体，应当在某种程度上与社会强大的同化功能进行对抗。"[③]

"有一天波教授来时，……大家开始谈到对巴黎美院的看法，……他说：确切地说，艺术教育不像其他领域的教育，能够传授什么，我不能培养一个好的或差的艺术家，那是每个人自己的发展。我惟一能做的事就是帮助学生们更好地、清醒地理解自己，鼓励他们尝试我未能或未曾做过的事，将一些小的精彩的方面培养起来。"[④]

① [[德]佩夫斯纳. 陈平，译. 美术学院的历史. 长沙：湖南科学技术出版社，2003：180.
② 李天兵. 自由与秩序：法国巴黎国立高等美术学院绘画系. 北京：人民美术出版社，2001：3.
③ 李天兵. 自由与秩序：法国巴黎国立高等美术学院绘画系. 北京：人民美术出版社，2001：71.
④ 李天兵. 自由与秩序：法国巴黎国立高等美术学院绘画系. 北京：人民美术出版社，2001：96.

"我们可以说美国的艺术教育在50年代左右经历了两方面的变化：1、从传统的写实为中心的技法艺术教育向以个人表现为中心的观念艺术教育的转化。2、从以绘画为中心的单一美术教育向以设计和艺术多元的艺术教育体系转化。"①

"艾大美院教学大纲目录的前言，清楚地阐述了它的教学思想：当今艺术世界的发展趋于更为复杂，为当代的艺术家提供了更多的机会。……美术学院将帮助你去寻找到你的艺术语言：最好的、可以通过艺术来表现你个人世界的手段。"②

"克劳斯·夫斯曼（Klaus Fussmann）是我的第二个教授。……在艺术学院里，教授很少有为同学改画的习惯，每个同学也相当注重培养自己的独立见解。夫斯曼偶尔为班上一个同学改画，这位同学所画的风格与教授很相近，自然被认为是班上最差的一个。……由于教授无为而治的教学方式，使班中的艺术风格非常多样化。"③

"每天去卡塞尔美术学院，都会经过一个地下通道，通道的墙壁上画满了涂鸦绘画和文字，上面有一句话天天像咒语似的蹦进我的眼帘'Free your mind'（放开你的思想），但在德国我花了近三年的时间才'Free my mind'（放开我的思想）。"④

以上文字的作者，皆有曾经求学或任教于西方美术教育领域的经历，对于自己亲身体验过的学习与工作环境，他们应该是拥有相当的"话语权"。而从他们传达来的信息中所得出的一个总体印象是——在当代西方美术学院的教学实践中，某种有关"表现与个性发扬"传统的美术教育价值取向，已经在一定程度上取代了那关于"教化与共性培养"传统的美术教育价值取向所曾经有过的地位，成为了一种新的"主流意识"。

① 王受之. 扫描与透析：美国洛杉矶艺术中心设计学院. 北京：人民美术出版社，2001：51.
② 陈小文. 语言与边界：美国艾尔法特大学美术学院. 北京：人民美术出版社，2003：10.
③ 滕菲、谭平. 精神的游历：德国柏林艺术大学自由绘画系. 北京：人民美术出版社，2000：18、19.
④ 缪晓春. 从东到西 从西到东：德国卡塞尔美术学院. 北京：人民美术出版社，2002：136.

●延伸与拓展

一、知识点击

席勒[Johann Christoph Friedrich Von Schiller, 1759—1805]

18世纪欧洲资产阶级启蒙运动时期的著名诗人、哲学家、历史学家和剧作家。作为德国历史上的杰出之士，席勒为我们留下了一笔巨大而宝贵的精神财富，他对历史的思考，对人类前途命运的关怀，以及通过其著述所表现出来的强烈的人文精神与美育追求，都超越了他所生活的那个年代而惠及当下。尽管，席勒和他的思想也不可避免地会带有某种历史局限性与片面性。

二、思考练习

回顾卡斯滕斯与海尼茨之间的争论，倘若有机会支持其中的一方，你会作出怎样的选择？为什么？请作相关的思考与阐述。

三、学习研究

18世纪70年代至80年代中期的德国，曾经爆发了一场要求摆脱封建传统束缚，主张个性解放，呼唤民族意识觉醒的"狂飙突进运动"。这场运动，虽然并非直接发生于美术教育领域，但正如其中代表人物席勒的表现，"狂飙突进运动"的要求与主张可谓是极大地影响和支持了彼时"美术学院造反者"们的言行实践。请结合对这样一段史实的具体考察，尝试作相关的研究与探讨。

四、相关文献

1.[德]席勒. 徐恒醇，译. 美育书简. 北京: 中国文联出版公司.

2.[德]佩夫斯纳. 陈平，译. 美术学院的历史. 长沙: 湖南科学技术出版社.

3.李天兵. 自由与秩序: 法国巴黎国立高等美术学院绘画系. 北京: 人民美术出版社.

4.王受之. 扫描与透析: 美国洛杉矶艺术中心设计学院. 北京: 人民美术出版社.

5.陈小文. 语言与边界: 美国艾尔法特大学美术学院. 北京: 人民美术出版社.

6.滕菲、谭平. 精神的游历: 德国柏林艺术大学自由绘画系. 北京: 人民美术出版社.

7.缪晓春. 从东到西 从西到东: 德国卡塞尔美术学院. 北京: 人民美术出版社.

第五讲　以儿童为中心

19世纪初，出于满足大工业生产需要的强烈愿望，经瑞士教育家裴斯泰洛奇[Johann Heinrich Pestalozzi，1746—1827] （图2-24）提议发明的一种始于基本的几何形式观察和测量，循序渐进的图画教学法开始被广泛运用于西方公立学校的儿童美术教育领域。

由此造成的类似于斯巴达式的刻板教学方式和课堂气氛不久便引起了有识之士们的质疑，最初的意见来自于裴斯泰洛奇曾经的一位崇拜者——德国人福禄贝尔[Friedrich Froebel，1782—1852] （图2-25）。在福禄贝尔看来，人类精神的基本特征就是活动，游戏则是本质的内在生命力的一种能动的再现与自我表现，而孩子们正是通过游戏这一媒介和工具才得以最终完成他们自身的成长并揭示他们未来的生活，儿童是通过他们自身的活动来接受教育的。（图2-26、图2-27）

为此，福禄贝尔在其创立的新型儿童教育机构——幼儿园里，特别设计了一种以活动为中心的"恩物和作业"课程，"从而在客观上使艺术教育从缺乏创造力的单调的制图课程变成了制作材料丰富、制作手段多样的活动"[①]。（图2-28）

对于教育界，19世纪英国哲学家和教育家赫伯特·斯宾塞[Herbert Spencer，1820—1903] （图2-29）让人印象最为深刻的记忆，应该莫过于其在1861年提出的"什么知识最有价值？"[②]这样一个颇具功利主义色彩的问题了。

斯宾塞的观点是："为我们的完满生活作准备是教育应尽的职责；而评判一门教学科目的唯一合理办法就是看它对这个职责尽到什么程度。"[③]且如果要按照重要的程度将人类生活的几种主要活动加以分类的话，它们应该自然地依次排列成为：

"一、直接保全自己的活动。

二、从获得生活必需品而间接保全自己的活动。

三、目的在抚养教育子女的活动。

四、与维持正常社会政治关系有关的活动。

五、在生活中的闲暇时间满足爱好和感情的各种活动。"[④]

图2-24_裴斯泰洛奇

图2-25_福禄贝尔

图2-26_20世纪30年代，英国，孩子们的游戏——"Greek dancing"

① [美]阿瑟·艾夫兰. 邢莉，常宁生，译. 西方艺术教育史. 成都：四川人民出版社，2000：191、192.
② [英]赫·斯宾塞. 胡毅，译. 教育论. 北京：人民教育出版社，1962：1.
③ [英]赫·斯宾塞. 胡毅，译. 教育论. 北京：人民教育出版社，1962：7.
④ [英]赫·斯宾塞. 胡毅，译. 教育论. 北京：人民教育出版社，1962：8.

图2-27_20世纪40年代，英国，孩子们的游戏——"In and out the windows"

图2-28_福禄贝尔设计的"恩物"

图2-29_赫伯特·斯宾塞

图2-30_弗兰兹·齐泽克

照此理论，美术学科在教育领域中所扮演的角色无疑被置于了一种十分尴尬的境地，如斯宾塞所言：

"这些才艺、艺术、纯文学以及一切组成我们所谓文化之花的东西都应该全部放在为文化打基础的教育和训练之下。他们在生活中既是占闲暇部分，在教育中也应该占闲暇部分。" ①

只有一种美术教育活动可以幸免，那便是"以儿童的天性为基础的绘画教育……因为斯宾塞的结论是，满足儿童的艺术需求，无论对其自身的进化还是对'人类的永恒进化'都是必要的，'任何压制儿童天性的行为都是在阻碍进化'"。②

倘若斯宾塞的理想在儿童美术教育实践中得以完全实现，那么，我们所要见到的情景将不仅仅只是一种有关于"表现与个性发扬"的美术教育价值取向的流行，而简直就是要"独一无二"了。

与有关于"表现与个性发扬"这一美术教育价值取向传统紧密相连的，还包括了对所谓"原始艺术"和儿童艺术的全新发现。在19世纪末、20世纪初的人类学研究领域，普遍流行着类似于这样的一种观点，即：今天儿童的成长变化就是过去人类进化历程的浓缩。以此推而论之，儿童艺术与"原始艺术"之间则存在着一种天然的亲近关系。而当"原始艺术"作为一种新的艺术形式、风格开始被那些激进的前卫艺术家们所日益推崇之际，对儿童艺术兴趣的不断增长便是一种历史的必然了。

最先宣称儿童创作的艺术具有一种特别的内在价值的人，是奥地利人弗兰兹·齐泽克[Franz Cizek，1865—1946]（图2-30），不过——在齐泽克看来——这同时也是一种十分脆弱的艺术，极容易遭到成人的影响和破坏。受到他的那一帮"维也纳分离派"艺术家朋友们的鼓励，齐泽克开办了一所私立儿童艺术学校并发展出了一套以"不干涉"理论为基础的儿童艺术教授法。那些同一时期极力介绍和推广齐泽克美术教学法的教材与读物，给读者们留下的一个印象往往是——这种美术教学法"不强调技巧，缺乏有序的学习方法……方

① [英]赫·斯宾塞. 胡毅，译. 教育论. 北京：人民教育出版社，1962：31.
② [美]阿瑟·艾夫兰. 邢莉，常宁生，译. 西方艺术教育史. 成都：四川人民出版社，2000：207.

法、材料、主题、目的，所有这一切都让孩子们自由地选择"。①

但实际情况又是如何呢？后来的美术教育研究学者们却发现，齐泽克的美术教学法中其实存在着一个悖论，"齐泽克一方面告诉观众，他的方法就是在绝大多数教师紧紧按住盖子时'揭开盖子'。可是另一方面他又坚持说，'学生要想为他们的创作打下一个坚实的基础，教师就必须为他们提供绝对正确的思想观念'。齐泽克有时的确容许他的学生运用世故的成人概念，只要这些概念能够揭示出他认为最适合儿童艺术的那些装饰性特征。但是他不容许儿童使用他认为不适合他们的那些成人概念，诸如现实主义色彩图表。他知道儿童艺术应该像什么样子，而且他也知道如何使孩子们制作这样的东西！"② 在齐泽克美术教学法指导下完成的儿童美术作品，实际"需要相当精确的测量和计算能力"。③（图2-31）

当对儿童艺术的"不干涉"理论成为一种美术教育的基本态度和信念时，在美术教育价值取向上，有关于"表

图2-31_在弗兰兹·齐泽克指导下完成，以"圣诞节"为主题的儿童美术作品

现与个性发扬"的传统则成了唯一可能的选择，且不论这种"不干涉"可以在多大程度上被称之为"不干涉"。

●延伸与拓展

一、知识点击

1.裴斯泰洛奇[Johann Heinrich Pestalozzi, 1746—1827]

瑞士教育家，毕生致力于儿童教育和平民教育，对近代教育事业的发展与进步作出了极大贡献，但其彼时希望单纯通过教育来消除贫困，实现社会改造的目的与追求，却是显得过于简单和理想化。

裴斯泰洛奇认为人的思维来自感觉，而感觉又是建立在一系列的要素基础之上，在任何一门学科中都会存在着一些最基本、最简单的要素，因而主张教育只有循序渐进，由简至繁，方能获得最佳的效用，此一论说被称之为"要素教育论"。

2.福禄贝尔[Friedrich Froebel, 1782—1852]

德国人，19世纪欧洲最重要的教育家之一，创办了世界上第一所幼儿园并因为其在幼儿教育领域内的杰出贡献，而被后世誉为幼儿教育之父。福禄贝尔的教育思想影响之深远，已遍及世界各地，至今仍在主导着许多国家学前教育理论和实践的基本方向。

① [美]阿瑟·艾夫兰. 邢莉, 常宁生, 译. 西方艺术教育史. 成都: 四川人民出版社, 2000: 257.
② [美]阿瑟·艾夫兰. 邢莉, 常宁生, 译. 西方艺术教育史. 成都: 四川人民出版社, 2000: 257.
③ [美]阿瑟·艾夫兰. 邢莉, 常宁生, 译. 西方艺术教育史. 成都: 四川人民出版社, 2000: 257.

二、思考练习

宋振中［1940—1949］，中华人民共和国年龄最小的烈士，一个被暴政扼杀的弱小生命。当他还在襁褓中时，即随父母入狱，因严重营养不良，头大身小，被难友们爱怜地称之为"小萝卜头"，1949年9月6日与父母同时遇害，年仅9岁。而在那样一种极端严酷的环境里，狱中的难友们曾经自发地组织起来教"小萝卜头"学习文化，并且，还教他画画！（图2-32~图2-35）

回顾这样一段史实，想想对于"小萝卜头"短暂的一生而言，彼时"图画课"的价值与意义何在呢？请作相关的思考与阐述。

三、学习研究

在儿童美术教育实践中，是否"一切都让孩子们自由地选择"？请结合对弗兰兹·齐泽克的美术教育实践经历的考察，尝试作相关的研究与探讨。（图2-36~图2-39）

四、相关文献

1.［美］阿瑟·艾夫兰. 邢莉, 常宁生, 译. 西方艺术教育史. 成都: 四川人民出版社.

2.［英］赫·斯宾塞. 胡毅, 译. 教育论. 北京: 人民教育出版社.

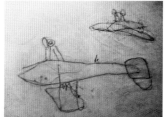

图2-32、图2-33、图2-34、图2-35_"小萝卜头"在狱中的学习用具与画

图2-36、图2-37、图2-38、图2-39_在弗兰兹·齐泽克指导下完成的儿童美术作品

第六讲 "美育"理想

若论民国之际对中国美术教育发展影响最大者，非蔡元培[1868—1940]（图2-40）莫属。而在蔡元培有关美术教育的诸多言论中，又当首推其"以美育代宗教说"[1]最为常人所乐道。但究竟何为"以美育代宗教说"？却恐怕是并非每位引用者心中都明白清楚的罢，更有所谓"把美育和美术混在一起"者，如蔡元培曰：

"我向来主张以美育代宗教，而引者或改美育为美术，误也。"[2] "有的人常把美育和美术混在一起，自然美育和美术是有关系的，但这两者范围不同，只有美育可以代宗教，美术不能代宗教，我们不要把这一点误会了。……美育是广义的，而美术则意义太狭。"[3] "美育者，应用美学之理论于教育，以陶养感情为目的者也。"[4]

"美育"不是"美术"，亦不是"美术教育"，但却与"美术"和"美术教育"有着千丝万缕的关联。

作为一位教育家和学者，蔡元培将教育区分了所谓"隶属于政治者"与"超轶乎政治者"，[5]前者含军国民教育、实利主义教育与公民道德教育，后者则包括世界观教育与美感教育（美育）。五种教育中，军国民教育、实利主义教育从字面上即可加以理解，世界观教育与美感教育（美育），依蔡元培之见，则是在某种意义上可以相互等同，[6]而关键便在于公民道德教育（德育）与美感教育（美育）的理解及其相互之间的区分。

关于"美感教育"，蔡元培尝有所言，谓："此（注：指美感）为康德[Immanuel Kant, 1724—1804]所创造，而嗣后哲学家未有反对之者也。"[7]那么，康德又是如何说的呢？"鉴赏是凭借完全无利害观念的快感和不快感对某一对象或其表现方法的一种判断力。"[8] "那规定鉴赏判断的快感是没有任何利害关系的"，[9] "美是无一切利害关系的愉快的对象"。[10]在康德看来，美或曰美感是无一切利害关系的、超功利的，而道德感则是有目的、追求功利的，因而，美感不同于道德感。正是在这个基础上，蔡元培提出了"美感教育"并将其与公民道德教育相区分。

蔡元培又曰："以现世幸福为鹄的者，政治家也；教育家则否。盖世界有两方面，如一纸之有表里：一为现象，一为实体。现象世界之事为政治，故以造成现世幸福为鹄的；实体世界之事为宗教，故以摆脱现世幸福为作用。而教育者，则立于现象世界，而有事于实体世界者也。故以实体世界之观念为其究竟之大目的，而以现象世界之幸福为其达于实体观念之作用。"[11]

教育家为什么不直接与宗教相结合，偏要先通过现世幸福的实现再去"达于实体观念"呢？蔡元培解释道，那是因为"世固有厌世派之宗教若哲学，以提撕实体世界观念之故，而排斥现象世界。因以现象世界之文明

① 文艺美学丛书编辑委员会. 蔡元培美学文选. 北京：北京大学出版社，1983：68.
② 文艺美学丛书编辑委员会. 蔡元培美学文选. 北京：北京大学出版社，1983：179.
③ 文艺美学丛书编辑委员会. 蔡元培美学文选. 北京：北京大学出版社，1983：160、2003：112.
④ 文艺美学丛书编辑委员会. 蔡元培美学文选. 北京：北京大学出版社，1983：174.
⑤ 文艺美学丛书编辑委员会. 蔡元培美学文选. 北京：北京大学出版社，1983：1.
⑥ 如蔡元培在《对于教育方针之意见》一文中尝云："美育者，神经系也，所以传导；世界观者，心理作用也，附丽于神经系而无迹象之可求。"参见文艺美学丛书编辑委员会文艺美学丛书编辑委员会. 蔡元培美学文选. 北京：北京大学出版社，1983：4. 蔡元培美学文选. 北京：北京大学出版社，1983：5.
⑦ 文艺美学丛书编辑委员会. 蔡元培美学文选. 北京：北京大学出版社，1983：4.
⑧ [德]康德. 宗白华，译. 判断力批判·上卷. 北京：商务印书馆，1964：47.
⑨ [德]康德. 宗白华，译. 判断力批判·上卷. 北京：商务印书馆，1964：40.
⑩ [德]康德. 宗白华，译. 判断力批判·上卷. 北京：商务印书馆，1964：48.
⑪ 文艺美学丛书编辑委员会. 蔡元培美学文选. 北京：北京大学出版社，1983：3.

图2-40_蔡元培

图2-41_蔡元培与夫人及蔡威廉（左二）姐弟，1912年9月摄于德国

为罪恶之源，而一切排斥之者"。① 这当然是不妥的。那么，有没有更好或曰替代的办法呢？蔡元培的回答是：

"由美感之教育。美感者，合美丽与尊严而言之，介乎现象世界与实体世界之间，而为之津梁。……人既脱离一切现象世界相对之感情，而为浑然之美感，则即所谓与造物为友，而已接触于实体世界之观念矣。故教育家欲由现象世界而引以到达于实体世界之观念，不可不用美感之教育。"②

这便是蔡元培的"以美育代宗教说"。

蔡元培深受康德美学思想影响的"以美育代宗教说"的提出，对于当时的中国美术教育实践及其教育价值取向又产生了什么影响呢？如果我们联系18世纪末、19世纪初的西方艺术世界，回想起以康德、席勒为代表的这一脉哲学家在理论上所曾经给予那些"美术学院造反者"们的巨大支持，那么，答案就似乎应该是不言自明的。当所谓的"美"以一种形而上的，"无一切利害关系的愉快的对象"的非功利性身份，从政治、经济、道德和宗教的樊笼中解脱出来，而成为美育和美术教育活动中所追求的终极目标时，一种有关"表现与个性发扬"的美术教育价值取向的出现，便不应该再让人们感到惊讶。正如蔡元培自己所说：

"美育是自由的，而宗教是强制的；美育是进步的，而宗教是保守的；美育是普及的，而宗教是有界的。"③（图2-41）

但问题在于，这是否就是蔡元培所倡导的唯一的美术教育价值取向，或者说有关"以美育代宗教说"的唯一解释呢？从蔡元培的其他一些相关言论来分析，则事情似乎是并不如想象中的那么简单。

其一，蔡元培并没有将"美术教育"的范围仅仅归属局限于"美育"的范围，这从其对"图画"与"手工"两个概念的描述中便可以看出：

"图画，美育也，而其内容得包含各种主义：如实物画之于实利主义，历史画之于德育是也。其至美丽至尊严之对象，则可以得世界观。……手工，实利主义也，亦可以兴美感。"④

既然"美术"中除了"美育"亦有"德育"与"实利主义"成分，那么，在相应的美术教育价值取向上，除了"表现与个性的发扬"外，当然还应该有"教化"与"谋生"的传统。

其二，在言及教育之目的时，蔡元培说道：

---

① 文艺美学丛书编辑委员会. 蔡元培美学文选. 北京：北京大学出版社，1983：4.
② 文艺美学丛书编辑委员会. 蔡元培美学文选. 北京：北京大学出版社，1983：4、5.
③ 文艺美学丛书编辑委员会. 蔡元培美学文选. 北京：北京大学出版社，1983：180.
④ 文艺美学丛书编辑委员会. 蔡元培美学文选. 北京：北京大学出版社，1983：6.

"故教育之目的，在使人人有适当之行为，即以德育为中心是也。顾欲求行为之适当，必有两方面之准备：一方面，计较利害，考察因果，以冷静之头脑判定之；凡保身卫国之德，属于此类，赖智育之助者也。又一方面，不顾祸福，不计生死，以热烈之感情奔赴之；凡与人同乐、舍己为群之德，属于此类，赖美育之助者也。所以美育者，与智育相辅而行，以图德育之完成者也。"①

"美育"的最终目的原本还是在于"以图德育之完成"，因而，其与"德育"的界限划分也就不可能那么"壁垒森严"了，而在相关的美术教育价值取向上自然也就不会仅仅体现为一种纯粹的"表现与个性的发扬"。

其三，蔡元培在谈到具体有关"美育实施的方法"时，凡涉及美术教育内容的，其中无不体现出一种深深的"教化与共性培养"意味，如：

"公立胎教院是给孕妇住的，要设在风景佳胜的地方，不为都市中混浊的空气、纷扰的习惯所沾染。建筑的形式要匀称，要玲珑，用本地旧派，略参希腊或文艺中兴时代的气味。凡埃及的高压式，峨特的偏激派，都要避去。……陈列雕刻图画，都取优美一派；应有健全体格的裸体像与裸体画。凡有粗犷、猥亵、悲惨、怪诞等品，即使描写个性，大有价值，这里都不好加入。过度刺激的色彩，也要避去。……美术展览会……所征不胜陈列，组织审查委员选定。……影戏馆，演片须经审查，凡无聊的滑稽剧、凶险的侦探案、卑猥的恋爱剧都去掉。……"②

这简直就是一个中国版的"理想国"！

其四，当论及为何要施行军国民、实利主义、公民道德三者之教育时，蔡元培颇有"不得不为"之感慨，云：

"夫军国民教育者，与社会主义舛驰，在他国已有道消之兆。然在我国则强邻交逼，亟图自卫，而历年丧失之国权，非凭借武力，势难恢复。……则如所谓军国民教育者，诚今日所不能不采者也。

今之世界所恃以竞争者，不仅在武力，而尤在财力。且武力之半，亦由财力而孳乳。……实利主义之教育，固亦当务之急者也。

是二者，所谓强兵富国之主义也。顾兵可强也，然或溢而为私斗，为侵略，则奈何？国可富也，然或不免知欺愚，强欺弱，而演贫富悬绝，资本家与劳动家血战之惨剧，则奈何？曰教之以公民道德。"③

以这等情形之迫切，彼时的美术教育当然不可能仅仅是耽于"表现与个性发扬"的"象牙塔"内，而不与以上所谓"隶属于政治者"发生联系了。

因此，综合而论，蔡元培的美术教育价值取向中是既有"表现与个性发扬"的传统，亦不乏"教化与共性培养"和"谋生与利益实现"的传统。从其主观愿望上，他是倾心于前者的，但迫于当时具体的客观历史情境需要，他却又不由自主地偏向了后两者。（图2-42、图2-43）

如果说，蔡元培更多是通过言语影响了当时的中国美术教育界的话，那么，彼时刚刚留学归来的徐悲鸿[1895—1953]与林风眠[1900—1991]，就是在用各自的实际行动，于美术教育领域内实践着自己的"美育"理想。（图2-44、图2-45）

作为一位学贯中西的美术家与美术教育家，在中国近现代美术教育事业发展的历史进程中，徐悲鸿绝对是一个承前启后、不可回避的人物。徐悲鸿的最大成就就在于——他通过自己辛勤的美术教育实践，借助原本源自于西方美术学院的，以"素描"为造型训练基础的写实主义绘画风格，在中国美术和美术教育领域内培养、发展出了一个颇具民族特色的写实主义画派。（图2-46）

在那样一个充满了内忧外患，迫切需要通过艺术来唤醒民众、激励民众的年代，徐悲鸿所倡导的以写实主义手法去关注现实、反映生活的美术风格及以之为某种"共性"而进行培养的美术教育机制，无疑是顺应了时代的潮流与需要。从这个意义上说，是徐悲鸿创造了历史，同时也是历史选择了徐悲鸿。

与徐悲鸿有所不同的是，林风眠在求学欧洲期间，深受德国表现主义绘画风格的影响，强调通过艺术创

① 文艺美学丛书编辑委员会. 蔡元培美学文选. 北京：北京大学出版社，1983：174.
② 文艺美学丛书编辑委员会. 蔡元培美学文选. 北京：北京大学出版社，1983：154~159.
③ 文艺美学丛书编辑委员会. 蔡元培美学文选. 北京：北京大学出版社，1983：1、2.

图2-42_徐悲鸿

图2-43_林风眠

图2-44_《飞扬跋扈为谁雄》_徐悲鸿

图2-45_《雄狮》_徐悲鸿

图2-46_《田横五百壮士图》_徐悲鸿

造来传达艺术家个人的思想、情感及其人生体验并从而最终在作品中求得和实现一种人世间至高至纯的艺术之"美"。在这一点上，林风眠的主张与蔡元培所提倡的"以美育代宗教说"可谓是不谋而合，也因此得到了蔡元培的极大支持与鼓励。归国后投身于美术教育领域的最初一段日子里，林风眠是颇有一番抱负，要以突出和强调"美"的美术及美术教育来改造人心、推动社会的发展与进步的，这从其1928年经蔡元培援引于杭州主持创办"国立艺术院"之举动，即可见一斑。

在彼时所奉行的美术教育价值取向上，林风眠显然是偏向了"表现与个性的发扬"这一传统（图2-47、图2-48）。

"艺术为人类情绪的冲动，以一种相当的形式表现在外面，由此可见艺术实系人类情绪得到调和或舒畅的一种方法。"①

"谈到艺术便谈到感情。艺术根本是感情的产物，人类如果没有感情，自也用不到什么艺术；换言之，艺术如果对于感情不发生任何力量，此种艺术已不成

① 朱朴. 林风眠艺术随笔. 上海：上海文艺出版社, 1999: 6.

图2-47_《双栖图》_林风眠

图2-48_《清音》_林风眠

为艺术。依照艺术家的说法，一切社会问题，应该都是感情的问题。"①

"托尔斯泰的《什么是艺术》书中，谓'艺术好坏的定论，应依了解艺术的人多寡而决断，如多数人懂的，多数人说好的便是好艺术；多数人不懂的，多数人说不好的，便是坏艺术'。这种论调未免失平。如果是这样，艺术家将变为多数人的奴隶，而消失其性格与情绪之表现。……艺术根本系人类情绪冲动一种向外的表现，完全是为创作而创作，绝不曾想到社会的功用问题上来。如果把艺术家限制在一定模型里，那不独无真正的情绪上之表现，而艺术将流于不可收拾。由作家这一方面的解释，我们就同时想到其他方面的影响，因为艺术家产生了艺术品之后，这艺术品上面所表现的就会影响到社会上来，在社会上发生功用了。……"②

林风眠的逻辑是——美术与美术教育的最终目的的确是应该在于促进人类社会的发展与进步，而"艺术根本是感情的产物"，所以"依照艺术家的说法，一切社会问题，应该都是感情的问题"，也因而美术教育的价值取向便在于通过对人心或曰个性中，一种超越了一切现实功利目的的"美"的发掘和表现，来实现对人的情感的陶冶与培育，是之所谓"美育"。但问题在于，这种摆脱了人世间一切功利规范束缚的"美"，在获得一种普遍与终极意义的同时，往往也容易失掉其自身的明确性与现实指导性，乃至成为一种虚无缥缈之物或是仅仅被简单地归之于某种情绪、形式。而相对林风眠彼时所生活时代的那个具体的历史情境而言，人们对美术与美术教育的最大期望，却正在于通过对一种明确的"美"的概念的创造、解释和规范，来指导现实、服务于现实——就像徐悲鸿所实践的那样。

现实生活中，林风眠遭遇到了与蔡元培同样的"尴尬"，在这种"尴尬"的压力下，蔡元培曾经被迫对其"以美育代宗教说"作出了某种程度的变通与修正，而林风眠则似乎是并没有很好地意识和领会到这种压力与改变，抑或是根本就不屑于这种压力与改变，在其一生的美术与美术教育实践中，始终坚守着一条从普遍拯救人类愿望出发的、不带任何功利色彩的"美"的底线及某种有关"表现与个性发扬"传统的美术教育价值取向，这就命中注定了林风眠的未来，要成为一位"孤独"的"不识时务者"，就像他自己所曾预言的那样：

"至于我个人，我是始终要以艺术运动为职志的！……我以为，担起艺术的重担，自非我一个人所能胜任，必须大家团结起来，共同努力！即或不幸，不为艺

① 朱朴. 林风眠艺术随笔. 上海：上海文艺出版社，1999：22.
② 朱朴. 林风眠艺术随笔. 上海：上海文艺出版社，1999：16、17.

术界的同志们谅解，我同三五同志，也要一样地担负这种工作！即再不幸，连三五同志也不肯谅解，只我一个人，也还要一样地负担这种工作！"①

当然，其人亦为俊杰！而从某种意义上来说，林风眠的命运也就代表了那有关于"表现与个性发扬"传统的美术教育价值取向，在此后相当长的一段日子里，于中国美术教育领域内的处境。

●延伸与拓展

一、知识点击

1.徐悲鸿[1895—1953]

江苏宜兴人，中国现代杰出的美术家和美术教育家，自幼随父习诗文书画，后又留学日本、法国研习西洋美术，博采众长，学贯中西，一生创作不辍，留下众多传世之作。

归国后，徐悲鸿长期致力于美术教育工作，发现和培养了一大批美术人才，为中国美术和美术教育事业的发展与建设作出了宝贵而卓越的贡献，观其一生经历，可谓是筚路蓝缕，功在千秋。

2.林风眠[1900—1991]

原名林凤鸣，广东梅县人。

林风眠自幼喜爱绘画，十九岁赴法国勤工俭学研习美术，在艺术实践上，主张兼收并蓄，融合中西。

归国之初，林风眠受蔡元培的影响，曾经锐意革新艺术教育，努力打破中西艺术界限，积极担负起美育的重任，可惜造化弄人，此后相当长的一段时间里，受制于外在的种种因素，林风眠都只能独自一人默默坚守自己的审美理想与追求，及至晚年，方重获殊荣。

作为一位极具个性特征与开拓精神的艺术家，许多晚辈艺术家都直接或间接地从林风眠处获得了启示与激励，以此而论，林风眠无愧于中国现代美术教育史上的一代宗师。

二、思考练习

蔡威廉[1904—1939]，蔡元培的长女一位才华出众的艺术家与美术教育家。颇为遗憾的是，战乱的环境、生活的困窘和家务的繁重，竟致其英年早逝，赍志而殁，令人唏嘘不已。联系蔡元培之"美育"理想彼时所遭遇到的种种"尴尬"和"无奈"，请作相关的思考与阐述。

"我每天早晚进出，还是依然同小朋友招呼。间或称呼他家第三位黑而胖的小姐做'大块头'，问她爸爸妈妈好，出不出门玩。小孩子依然笑嘻嘻答应得很好。可是前两天听家里人说，才知道孩子的母亲，在家生产了一个小毛毛，已死去三天了。死的直接原因是产后发热，间接原因却是无书教，无收入，恐费用多担负不下，不能住医院生产，终于死去。人死了，剩下一堆画，六个孩子。

死下的完了，虽三十多岁却赍志而殁，有许多理想无从实现。但人已死去，无所关心，既不必为生活烦累，更不会受同行闲

① 朱朴. 林风眠艺术随笔. 上海：上海文艺出版社，1999：45.

气，或比生前安适，也未可知。朋友们同情或不平，很显然都毫无意义，既不能帮助这个朋友重生，也不容易使这个社会转好。惟生者何以为生? 行将坠入这种困境或已经到了同样情形的朋友，是哺糟啜漓随波逐流以作伪售奸，是改业跳槽经营小生意以糊口? 艺术界方面二十年来我们饱看了一切人与人的斗争，用尽一切技巧，使用各种法术，名分上为的是理想，事业，事实上不外'饭碗'二字。真真在那里为艺术而致力，用勤苦与自己斗争，改正弱点，发现新天地，如蔡威廉那么为人，实在不多，末了却被穷病打倒，终于死去，想起来未免令人痛苦。"

（沈从文：《记蔡威廉女士》）

图2-49_1930年，颜文樑（右）、刘海粟（中）在意大利

三、学习研究

　　1911年辛亥革命成功至1949年中华人民共和国诞生的近40年间，是中国美术教育史上一个大融合、大变革的时期，众多的美术教育工作者，彼时或默默耕耘，或竞领风潮，无不以他们的辛勤实践，为近代中国美术教育事业的发展作出了自己的贡献，请结合对这样一段史实的具体考察，尝试作相关的研究与探讨。（图2-49、图2-50）

四、相关文献

　　1.文艺美学丛书编辑委员会. 蔡元培美学文选. 北京: 北京大学出版社.

　　2.[德]康德. 宗白华，译. 判断力批判·上卷. 北京: 商务印书馆.

　　3.朱朴. 林风眠艺术随笔. 上海: 上海文艺出版社.

图2-50_1935年，上海美术专科学校的师生与模特合影

第七讲 培养"创造力"

1957年10月4日，苏联成功地将人类第一颗人造地球卫星送上了天，作为竞争对手的美国朝野上下为此受到了巨大的冲击，震惊过后，美国人开始对自己的人才培养模式和机制进行反思，由此得出的一项主要结论是——正是因为彼时美国教育领域内普遍弥漫的一种自由与散漫气氛，才导致美国已经被重视知识教育的苏联远远地抛在了后面，一场教育改革势在必行！（图2-51）

在这样的一种情境里，当时的美国美术教育领域，特别是儿童美术教育领域中，那些信奉着某种有关"表现与个性发扬"传统，强调儿童的创造性自我表现的人们，无疑承受着巨大的压力。直到维克多·罗恩菲德站出来——以一条同样极具创造性的理由——做出了挽救。（图2-52、图2-53）

维克多·罗恩菲德的理由是——我们的艺术教育是应该关注到现实生活的需要，而"创造性的艺术过程"所培养或曰刺激的正是某种"一般创造力"，①这种"一般创造力"对于孩子们来说，无论他将来从事何种职业，以何为生，都是极为重要的。所谓：

"在艺术教育里，艺术只是一种达到目标的方法，而不是一个目标；艺术教育的目标是使人在创造的过程中，变得更富于创造力，而不管这种创造力将施用于何处。假如孩子长大了，而由他的美感经验获得较高的创造力，并将之应用于生活和职业，那么艺术教育的一项重要目标就已达成。"②

"艺术教育对我们的教育系统和社会的主要贡献，在于强调个人和自我创造的潜能，尤其在于艺术能和谐地统整成长过程中的一切，造就出身心健全的人。"③

至于维克多·罗恩菲德这一理由的理论支持，则是直接来源于三位学者的研究，他们的研究结果表明：

"不管创造力应用在何处，它都具有共同的特

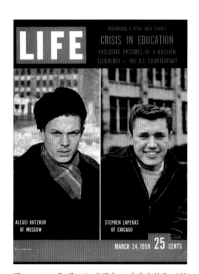

图2-51_1958年3月24日，美国《LIFE》杂志封面，"教育危机：一名苏联中学生VS一名美国中学生"。

图2-52_正在指导儿童绘画的维克多·罗恩菲德（左一）

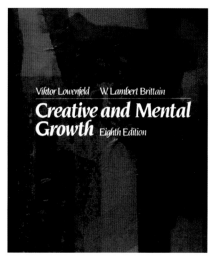

图2-53_《创造与心智的成长》

---

① [美]罗恩菲德. 王德育，译. 创造与心智的成长. 长沙：湖南美术出版社，1993：4.
② [美]罗恩菲德. 王德育，译. 创造与心智的成长. 长沙：湖南美术出版社，1993：4.
③ [美]罗恩菲德. 王德育，译. 创造与心智的成长. 长沙：湖南美术出版社，1993：10.

征。"①

虽然，维克多·罗恩菲德不是最早使用"创造力"这一概念的人，但通过他那充满智慧的运用和努力，无疑使得对"创造力"的培养此后愈加成为了美术教育界，尤其是儿童美术教育领域内一项经久不衰的"时尚"。

只是，需要稍稍保持克制的是——我们不应该将维克多·罗恩菲德所谓艺术教育对我们的教育系统和社会的"主要贡献"无限扩大为"全部贡献"，或者说，艺术教育并非是培养我们"创造力"的唯一途径。

与维克多·罗恩菲德同一时期的风云人物，还有英国人赫伯·里德[Herbert Read，1893—1968]（图2-54），早在二战期间，赫伯·里德就已于自己的著作中，表达出了与维克多·罗恩菲德相似的意见：

"在这么一种动荡的背景，我撰写了这本书，现在应该把它结束。我一直提醒着读者'感觉在这个实行残暴而高唱理想的时代中的重要性'；我因而建立了一种理论以说明我们如应用我所指出的方法来教养儿童时，便能保持儿童活泼敏锐的感觉，我们便能把行为和感觉联系起来，甚至把现实和理想联系起来，那么理想主义才不再和

图2-54_赫伯·里德　　　　图2-55_"通过艺术的教育"

现实脱节——这是人类对现实的单纯反应。"②

赫伯·里德建立的理论，即其所谓的——"通过艺术的教育"。③（图2-55）

"因此，如有任何类型可视为理想型的，那就是艺术家型，但我们已知道，世界上没有"艺术家"（artistic）这一型的。每一型都有点艺术家的（即美学的）态度，有自发发展的时刻，创新的活动。每个人都是特别的一种艺术家，在他创新的活动，游戏或工作中（而在自然社会中，我们认为没有工作心理学和游戏心理学之分），他不止是表现自己，他是表现自身展开的形式，而我们的共同生活就是取这种方式的。"④

●延伸与拓展

一、知识点击

1.维克多·罗恩菲德[Viktor Lowenfeld，1903—1960]

1903年出生于奥地利林茨[Linz]的一个犹太家庭，纳粹掌权后，与家人一起迁往英国，后定居美国，曾任教于美国宾夕法尼亚州立大学[the Pennsylvania State University]直至逝世。维克多·罗恩菲德对美国美术教育事业的发展和建设贡献甚

① [美]罗恩菲德.王德育，译.创造与心智的成长.长沙：湖南美术出版社，1993：5.
② [英]赫伯·里德.吕廷和，译.通过艺术的教育.长沙：湖南美术出版社，1993：290.
③ [英]赫伯·里德.吕廷和，译.通过艺术的教育.长沙：湖南美术出版社，1993：292.
④ [英]赫伯·里德.吕廷和，译.通过艺术的教育.长沙：湖南美术出版社，1993：296.

多，其于1947年出版并发行的《创造与心智的成长》["Creative and Mental Growth"]一书，长期作为教材而被广泛应用于美国的教师教育课程，成为20世纪下半叶美国乃至世界美术教育领域内最有影响力的著述之一。

2.赫伯·里德[Herbert Read, 1893—1968]

英国著名诗人、美学家、艺术批评家和教育家，一生著述颇丰。在其《通过艺术的教育》["Education Through Art"]一书中，赫伯·里德主张通过各种艺术教育实践，促进儿童内在情感与思想的表现，实现个性的整合，并认为艺术教育的根本目的在于受教育者人格的健全完善与和谐发展。

二、思考练习

阅读如下一段采访记录，究竟何谓创造力？请作相关的思考与阐述。

记者：贾斯廷·马林斯

被采访者：剑桥大学数学教授蒂莫西·高尔斯

问：什么是数学创造力？

答：我坚信，在数学和其他领域中创造力都不是什么有魔力的神秘的东西。虽然我个人并无足够的诗歌和绘画的经验，不是什么权威，但我们仍然坚信一切事物都能得到解释。

问：那你如何分析创造力呢？

答：这很难。你越是靠近它进行观察，越是不能对它进行分析。如果你想到了一个似乎特别有创造性的主意，这个主意常常并非是通过魔法才出现在你的头脑中，一定是由某种思维过程导致了它的出现。它总是可以被分解成更细小的想法，直至追溯到思维过程的最底层——一些习惯性的元素。因此只要你把大量的平常想法总结起来，你就会以某种方式得到人人公认的创造力。

问：也就是说，创造力是一个程序或是一种算法吗？

答：对。但我意识到这么说会引起大量的争议。这一说法需要更多的证实，我不可能在一次采访中把它阐述清楚。如果我对别人说创造力可能只是一种算法，他们一般会说，创造不可能是一个简单的程序。他们是正确的，创造不是一个简单的程序，但这并不表明它不是一个程序。……

（2006年2月3日《参考消息》第七版所刊《解析创造力·连载之四》）

三、学习研究

维克多·罗恩菲德于美术教育领域中最为令人熟悉的贡献，是他提供了一个可用于对儿童的绘画艺术发展经历进行描述和分类的有效框架。

维克多·罗恩菲德将儿童的绘画艺术发展经历划分为五个阶段：涂鸦阶段[Scribbler]、前样式化阶段[Preschematic]、样式化阶段[Schematic]、写实主义萌芽阶段[Dawning Realism]和伪自然主义阶段[Pseudo-Naturalism]。

请结合对维克多·罗恩菲德此一理论与实践的考察，作相关的研究和探讨。

四、相关文献

1.[美]罗恩菲德．王德育，译．创造与心智的成长．长沙：湖南美术出版社．

2.[英]赫伯·里德．吕廷和，译．通过艺术的教育．长沙：湖南美术出版社．

第八讲　时代强音

"大师们的艺术就像一座座山，任何什么时候看，都不会减其雄伟，大多数人天天都在往上爬，这就是模仿。如果模仿得像，就自以为爬到了山顶，于是，山不存在了，天底下就只有自己……我也曾有过这样轻薄的念头，所幸后来又看见了那些山，丝毫不减其雄伟。我明白了，山是不能超越的，因此，我不再去登山，而是努力去创造一座山。"①

"登山不如另造一山"，②上述援引的一段当代中国美术教育实践的文字，可以说是十分生动、形象地传达出了一种有关于"表现与个性发扬"的美术教育价值取向。（图2-56、图2-57）

作为一种与有关于"教化与共性培养"相对应的美术教育价值取向，有关于"表现与个性发扬"的美术教育价值取向在人类美术教育发展历程中出现的时间要远远晚于前者，可是若论对当代美术教育领域的影响，两者则是伯仲之间，甚至于在某些时空局部，后者往往还要胜过前者，所谓"时代强音"。

应该说这与当今时代日益崇尚多元、开放、自由、民主的大趋势、大背景不无关联。无论中、西，有关于"表现与个性发扬"的美术教育价值取向所显示出来的旺盛生命力，都预示着其作为一种传统在人类的美术教育领域还将继续传承与发扬下去。只是，在我们珍视其作为一种与有关于"教化与共性培养"传统相平衡因素的价值的同时，我们是否也曾考虑过应当避免使其蜕变为一种逃避义务、推卸责任的托辞与借口呢？譬如一种放任自流的真正"不干涉"的美术教育实践。

此外，当所谓的某种"个性"在我们的美术教育价值取向中成为一种唯一的追求与强调时，对有关于"表

图2-56_《四骑士》_ [德]阿尔布雷特·丢勒_
[Albrecht Durer, 1471—1528]

图2-57_《有云彩飘过的地方》_王华祥

图2-58_《清泉抱翠图》_ [清]王时敏

① 王华祥. 名师点化·王华祥说素描. 长沙: 湖南美术出版社, 1999: 10.
② 王华祥. 名师点化·王华祥说素描. 长沙: 湖南美术出版社, 1999: 10.

现与个性发扬"的美术教育价值取向的坚持也就失去了它原本应有的意义，而成为了一种偏执和极端之举，或者说，一种新的束缚与规范。就此而言，历史其实提供给了我们许多生动、鲜活的经验，譬如所谓"个性"与"共性"之间的转换。

首先是中国美术教育领域内的"文人画"。如前所述，"文人画"作为一种文人的自我美术教育方式，开始大规模登上历史舞台的时候，也正是某种有关"教化与共性培养"传统的美术教育价值取向在彼时中国美术教育领域内大行其道的时候，而相对于那样一种——连画中孔雀升墩是先举左脚还是先举右脚都要加以规范的——有关"教化与共性培养"传统的美术教育价值取向，彼时文人画家所谓"观士人画，如阅天下马，取其意气所到；乃若画工，往往只取鞭策皮毛，槽枥刍秣，无一点俊发，看数尺许便倦"①的言论，反映的自然是一种有关"表现与个性发扬"传统的美术教育价值取向。到了元代文人画家手中时，这种强调某种表现与个性发扬的美术教育价值取向则更是被发挥到了一个极致，所谓："仆之所谓画者，不过逸笔草草，不求形似，聊以自娱耳。"②

可是，待到了晚明时候呢？虽然彼时董其昌仍然在强调："士人作画当以草隶奇字之法为之，树如屈铁，山似画沙，绝去甜俗蹊径，乃为士气。"（《画旨》）③（图2-58~图2-61）

但"文人画"一旦成为了所谓的"南宗画"；以董其昌为一脉承袭元代画家风格而来的画风画派被树立为画坛的典范与"共性"后，其间所奉行的美术教育价值取向便已经不再纯粹是属于某种有关"表现与个性发扬"的传统了，而是不可避免地带上了某种"教化与共性培养"的意味，董其昌之后，明清之际那些以能得

"大痴脚汗气"④即为满足，一味摹古的文人画家的自我美术教育实践，便是一个证明，或许，我们还可以借用美国汉学家列文森[Joseph Levenson，1920—1969]在其《从绘画所见明代与清代社会中的业余爱好理想》一文中所得出的某个结论，并以此发挥说，明清时代的文人画家们已经将一种"反职业化"的美术教育价值取向"稳稳当当地职业化了"。⑤而到了五四时期，当陈独秀[1879—1942]宣称"若想把中国画改良，首先要革王画的命"的时候，⑥彼时"文人画"中的美术教育价值取向，在陈独秀诸辈的眼中，则已是彻头彻尾地被归入了一种有关"教化与共性培养"的传统。

在西方美术教育领域，类似的一幕也曾同样发生。当欧洲早期文艺复兴时代的艺术家们以"科学"和"自然"为武器，向行会控制下的美术教育机制发出挑战时，他们的抱怨之一，便是行会控制下的美术教育活动中某种有关"教化与共性培养"传统的美术教育价值取向，已经极大地阻碍了艺术家神圣个性的表现与发扬，应该用一种新的，可以让艺术家充分表现和发扬自己个性与天赋的美术教育机制和教育价值取向来取而代之。可是到了19世纪上半叶，当拿撒勒派的艺术家或曰美术教育家们在彼时的德国发起一场针对美术学院的教育改革时，他们的一个主要目标则是——"要引入一种'类似于老学校的自由教学法'，引导学生返回到'那些伟大艺术时代的简单方式'。不应有任何'精神的窒息与胁迫'，每个学生应能保持他的'自然的、真实的、自由发展的独特性和独立性'。这些优秀的学生将在他自己的工作室中创作自己的作品，这工作室紧挨着师傅的工作室。他们也应协助师傅工作，还要为他们介绍世俗和宗教组织的委托项目。"⑦

中世纪作坊内曾经"教化"与"培养"过的"共

---

① 宋人苏轼语。参见俞剑华. 中国古代画论类编. 北京：人民美术出版社，2000：630.

② 元人倪瓒语。参见俞剑华. 中国古代画论类编. 北京：人民美术出版社，2000：706.

③ 王伯敏，任道斌. 画学集成.（明~清）. 石家庄：河北美术出版社，2002：215.

④ 清人王原祁尝于其所绘《仿大痴山水图轴》一画画幅左上自题："丁卯初春邢州寓所多暇，偶捡篋中废纸柔薄醉作此图，纸涩拒笔，竟未得大痴脚汗气，存之以博识者一笑可也。"

⑤ 列文森的原文是："反职业化就其社会性而言对士大夫业余画家是至关重要的，但从学识方面看却不是这样。士大夫把这一反职业化稳稳当当地职业化了。"参见洪再辛. 海外中国画研究文选（1950—1987）. 上海：上海人民美术出版社，1992：305.

⑥ 此为陈独秀于《答吕澂（美术革命）》一文中所语。参见任建树，张统模，吴信忠. 陈独秀著作选·第一卷. 上海：上海人民出版社，1993：448.

⑦ [德]佩夫斯纳. 陈平，译. 美术学院的历史. 长沙：湖南科学技术出版社，2003：179、180.

图2-59_《远山冈峦图》_[清]王鉴

图2-60_《仿梅道人山水图》_[清]王原祁

图2-61_《高峰白云图》_[清]王翚

性"，现在显然又被拿撒勒派的美术教育家们拿来，而作为一种有关"表现与个性发扬"传统的美术教育价值取向中的"个性"了，恰如1843年的一份备忘录中所描述的那样：

"由不同的个人才能和意向交互作用所造成的更加自由的发展，就像在中世纪古老学校中的情形。"①

虽然当时德国美术学院中所奉行的，而拿撒勒派所反对的，可能正是早期文艺复兴时代曾被视为艺术家"个性"象征的那些风格与特质。

由此看来，在人类美术教育实践的历史变迁中，任何一种先前的"个性"都有可能成为一种当前的"共性"（从某种意义上说，其也极愿成为一种"共性"），换言之，任何一种当前的"共性"也都难免退隐为"个性"（当然，未来的某一天，其也极有可能再次成为一种"共性"）。

在美术教育价值取向的建构上，我们不应该彻底地抛开"个性的发扬"而仅谈"共性的培养"，也不可能放弃"教化"而只是一味地去强调某种"表现"。

① [德]佩夫斯纳. 陈平，译. 美术学院的历史. 长沙：湖南科学技术出版社，2003：184.

●延伸与拓展

一、知识点击

拿撒勒派

指19世纪初成立于维也纳的一个青年画家团体,其主要倾向在于对彼时学院教育体系的反动,提倡向古代大师特别是中世纪晚期和文艺复兴早期的艺术家们学习。

该团体曾经占用意大利罗马一处废弃的修道院作为实现自己艺术理想和追求的场所,因其成员服饰装扮颇似基督教早期活动于巴勒斯坦拿撒勒地区的信徒,而被戏称为"拿撒勒派"。

"拿撒勒派"作为一个有组织的团体存在的时间并不长,但其影响却是十分的广泛,特别是其中的许多成员日后皆成为德国艺术院校里的中坚力量。

二、思考练习

2010年1月,作为"中央美术学院素描60年"展览系列活动的部分《素描与我们专题研讨会》和《"素描何为"聊天会》先后在中央美术学院美术馆举行,以下摘录的数段文字皆出自有关此二次会议的两篇纪要,请仔细阅读并作相关的思考与阐述。

靳尚谊先生在发言中详细讲述了他的艺术探索轨迹,其成长经历折射出美院学科发展的几个阶段。发言中再次阐述了他对素描的观点,即"素描解决的是水平问题,不是风格问题",因为风格个性是天生就有的,风格个性没有高低,但水平有高低之分。

钱绍武先生的发言则围绕"规律与自由的关系"展开,他指出规律需要去掌握,掌握了规律才得到自由,而不是靠否定规律而获得。

王华祥老师说"回想一下以前,是因为它伴随着一个比较专制的艺术形态,比较一元化的单一的教学模式,实际上我们不是反对全因素素描,不是反对写实,我们反对的是不让我们发展,不让我们有新空间,有新拓展,但是这个事情当年看不清,我们要反对的连同这个事情本身一起反对掉了,但是回过头来想呢,我觉得问题不在全因素上,问题是它不能够作为一个终生的唯一的一个艺术标准,我认为视觉的观察还是最重要的,那么为什么重要呢?我认为人是太有限了,人的能力、生理,生命的时间都非常有限,我们要观察就意味着说我们在自然面前有一颗谦卑的心"。

对于当代艺术教育存在的问题,徐冰老师认为:"中国素描基础课里有一个问题,一个浪费的现象,艺术家在素描上所花的时间不算少,从初中到高中、大学再到研究生,从几何三角到全身再到人体、单人、双人,但是最后发现,其实它只有"难易"程度的变化,没有"课题"的变化,发现学生每画一张就麻木一次……"

张培力老师认为,现在的艺术教育可能真的应该改变"一刀切"的模式,可以有这种读四书五经的训练,保持那种最传统的教学,但是同时又有特别自由的特别实验的,应该是把原来单一的模式变成非常多元,非常的自由民主,现在社会那么多元,所以现在的教育应该是符合整个社会的一种形态。

王华祥老师认为,任何的训练都是在"约束"当中,都是在一种规定当中,而任何的"爆发力"都是在这种"约束"和规定的时候产生的,人类的思维延展也是在一种约束当中产生的。学院的教学既是"下套",也是"解套"的过程。学生要学会"开锁",以往的任何已经发生的艺术事件内行看起来是"锁",外行看就是"咔嚓"一下,其实是节省时间,学院的存在的合理性就在这儿。

朱青生先生说："我想中央美院素描缺什么？教了这么多年，它哪些东西没教？哪些东西应该教？在中央美院看到的素描，大多数训练的是学生的才能，整体化的能力和细微辨别的能力，这个当然能够通过素描把它训练出来，也没什么坏处，但是说它对现在的艺术教育就有用，这也未必，所以在这一点上，就是艺术学院是培养什么样的人？他们需要什么？我们可以把需要的基础课变成一个有训练又简便有要求的课，让他在这个里面获得'真正的利益'，获得'真正的血液'，变成一个强者，让他的精神获得开发，让他的个性获得张扬，这是我们重新要讨论的艺术教育问题，如何做，每一个学校，每一个教授，都可以有自己的决断。"

董慧萍/文

(http://www.cafamuseum.org/ch/education/?N=267)

(http://www.cafamuseum.org/ch/education/?N=273)

三、学习研究

我们所正在经验的美术教育，是否需要"表现与个性的发扬"？又该怎样去实践"表现与个性的发扬"？请问问自己身边学友和师长的意见，尝试展开相关的研究与探讨。

四、相关文献

1.王华祥.名师点化·王华祥说素描.长沙：湖南美术出版社.

2.洪再辛.海外中国画研究文选(1950—1987).上海：上海人民美术出版社。

3.陈独秀.答吕澂(美术革命).任建树，张统模，吴信忠，陈独秀著作选.第一卷，上海：上海人民出版社.

第三单元
谋生与利益的实现

单元提示

所谓"谋生"，是指将美术教育作为一项传授与掌握某种谋生技能的"职业培训"活动，而"利益的实现"则主要是指通过美术教育这种活动，来追求与获得某种经济上的利益。

这两点之间的关联可谓极为紧密，却又不能完全等同，区别在于，"谋生"往往是一种出于局部微观的目的描述，而"利益的实现"则更多是着眼于一种整体宏观上的策略调控与把握。

若是单论"谋生"，有关"谋生与利益的实现"的美术教育价值取向传统出现的年代可以说与人类的美术和美术教育实践活动同样久远。

当我们的祖先在传授和学习各种木质、石质、骨质、陶质"工艺美术品"的制作技艺的同时，实际上便是在进行着一项与彼时人类"谋生"休戚相关的活动，如果不懂得制作这些"工艺美术品"的技艺，在那样一种严酷的物竞天择、弱肉强食环境中，原始人类个体的生命将会变得极为脆弱。

而即便是那些在我们今天看来于原始人类生存没有任何实用价值的原始雕刻与绘画技艺，在当时人们的心中其实也是有着非同寻常的"谋生"意义与作用。因为，当原始部落中的"艺术家"在洞窟石壁上成功地雕刻或绘制出一匹猎物，并象征性地将其捕获后，以当时人们的认知，往往也就"理所当然"地预示着不久的将来，部落的猎手们将在洞窟外的围猎战斗中获得同样的丰收。

第一讲　工之子恒为工

当人类社会进入到奴隶社会，一方面，出于对美术所具有的"魔力"的认识及利用这种"魔力"来巩固和维护其统治的需要，居统治地位的奴隶主权贵阶层极力加强了对"美术工作者"及其美术创造活动的控制，这其中，作为培养未来"美术工作者"的美术教育活动自然也是受到了前所未有的关注与重视，关于这一点，本书在前面的内容中已经有所讨论；另一方面，因为彼时与日常生活异常紧密的联系，美术创造活动被认为是一种体力劳动，而出于对体力劳动的一种"先天"的厌恶与逃避，有关美术技艺的传承被"清除"出了那时主要针对奴隶主贵族子弟的教育领域，成为奴隶们的一项"专利"。所谓：

"有大人之事，有小人之事。且一人之身，而百工之所为备，如必自为而后用之，是率天下而路也。故曰或劳心，或劳力；劳心者治人，劳力者治于人；治于人者食人，治人者食于人：天下之通义也。"（《孟子·滕文公上》）（图3-1）

在那样一种奴隶被视为奴隶主的私人财产，等同于物品工具被任意处置的历史情境中，努力学习和掌握某种美术技艺对于奴隶们而言，无疑是一种增加自己的"使用价值"以换取更多生存可能的有效"谋生"手段，虽然，奴隶们也常常会因为自己的精湛技艺而被他们的主子们所念念不忘，乃至遭遇到殉葬的厄运。

先秦到隋唐，其间虽有春秋、战国时礼坏乐崩，百工挟艺四散为诸国所纳的局面出现，但从总体上说，官府对于百工的控制还是相当严格有效的，所谓：

"百工居肆以成其事，君子学以致其道。"（《论语·子张第十九》）其中的"肆"便是由官府设置，将工匠们集中管理的造作之处。而其中颇具代表性的一项措施，则是公元前7世纪时由管仲于齐国推行的一项"勿使四民杂处"政策，曰：

"四民者，勿使杂处，……昔圣王之处士也，使就闲燕；处工，就官府；处商，就市井；处农，就田野。"（《国语·齐语》）

如此一来，对于四民中的"工"而言，就可"令夫工，群萃而州处，审其四时，辨其功苦，权节其用，论比协材，旦暮从事，施于四方，以饬其子弟，相语以事，相示以巧，相陈以功。少而习焉，其心安焉，不见异物而迁焉。是故其父兄之教不肃而成，其子弟之学不劳而能。'工之子恒为工'"。（《国语·齐语》）

图3-1_湖南长沙马王堆西軑侯之妻墓出土彩绘木俑

图3-2_山东临淄齐国都城遗址平面图

图3-3_管仲

图3-4_山西大同云冈石窟第十八窟中，据说是为北魏太武帝拓跋焘造像而雕琢的立佛

这无疑是通过某种国家律令规定的形式，将彼时官府作场内"百工"美术教育价值取向中业已存在的，一种有关"谋生"传统的倾向更加强化了。（图3-2）

而倘若是要论对这样一种有关"谋生"传统的美术教育价值取向的维护，最严格的则莫过于北魏太武帝太平真君五年颁布的一道诏令，曰：

"今制自王公己下至于卿士，其子息皆诣太学。其百工伎巧、驺卒子息，当习其父兄所业，不听私立学校。违者师身死，主人门诛。"[①]（图3-4）

"百工伎巧"的子孙们若是不安守本分地去学习与继承一门谋生的手艺，而是有其他什么非分之想，甚至于会招来杀身之祸。如此看来，在彼时官府控制下的百工美术教育中，无论是出于自愿还是被迫，在美术教育价值取向上往往都是只能有唯一的选择，那便是某种有关"谋生与利益实现"的传统。

●延伸与拓展

一、知识点击

礼坏乐崩

所谓"礼乐"，是周代文化的一个重要组成部分，亦是周代典制的根基。孔子曾经说道：礼乐制度由天子制定，诸侯中若有不遵守的，天子就会发号施令进行征伐。可是到了春秋、战国时期，随着王权式微及诸侯争霸导致的各方势力反复争夺，"礼坏乐崩"局面的出现已是在所难免。

"礼坏乐崩"的时代，是一个社会秩序动荡、纷乱不宁的时代，但同时也是一个经济迅速发展、思想解放、文化繁荣、百家争鸣的时代。

二、思考练习

先秦到隋唐，为何对于"百工"的生产、生活包括教育，官府皆要施以严格的控制？请作相关的思考与阐述。

三、学习研究

审美与实用的功能，二者孰轻孰重？"买椟还珠"的故事中，那个被装饰精美的木盒包装所迷惑，以至于退还了实用价值不菲的珍珠的郑人，显然是受到了嘲讽与批判。而这样的一种价值判断，或许便是彼时百工美术教育实践中所奉行的某个重要原则。先秦典籍的记载里，是否还可以找到类似的材料？请尝试作相关的研究与探讨。

四、相关文献

1.张道一. 考工记注译. 西安：陕西人民美术出版社.

① [北齐]魏收. 魏书·世祖纪. 北京：中华书局，1974：97.

第二讲　作坊与行会

奴隶们利用一切机会摆脱奴隶主的控制，通过逃亡甚至暴动而成为自由民，这可以说是在奴隶制度彻底崩溃前所有人类社会中一种极为普遍的现象。

在这些逃亡的奴隶中，便往往包括有"奴隶艺术家"，"奴隶艺术家"们挟技艺四散，凭借手中的一技之长很快得以在异域他乡安身立业，而在他们最初建立的那些以家庭为单位的民间手工作坊中，一种采取父子亲传、师徒相授方式进行的，以"谋生"为其主要价值取向的美术教育活动也一并诞生，且在其后的岁月里借助于城市中商业活动的日渐兴旺和市民阶层审美需求的不断增长，得以迅速发展与普及。待到行会及与之相适应的美术教育管理机制出现后，民间手工作坊内的美术教育活动便更是作为一种重要的美术教育形态正式登上了人类的历史舞台。

古希腊、罗马时代的艺术家们的生活境况，可能要大大好过古埃及的"奴隶艺术家"们，但"艺术家是用双手工作，而且是为生计工作。他们坐在铸造场里，一身汗污，一身尘土，就像普通的苦力一样卖力气，所以他们不被看作上流社会的成员"。[①]绘画或者雕刻，仍被视为是一种卑微的职业，那些出身高贵的人们是不屑于从事的。

"那些以陶工、织工、画匠或石刻匠为生存职业的人，都是在家庭作坊中来学习这些手艺的，一般情况下是子承父业，但偶尔家庭作坊也接受一些外人作学徒。"[②]

这样一种家庭作坊里的美术教育活动，在其价值取向中显然带有着极大的"谋生"意识，而彼时城市中商业活动的繁荣与来自于市民阶层旺盛的审美需求，对于这种"谋生"意识则无疑是在某种程度上更加起到了一

图3-5_庞贝古城遗迹之一

种刺激和强调的作用。

一座于公元79年因维苏威火山的爆发而不幸被埋葬于地下的罗马小城庞贝，或许为此作了最好的证明，当后世对庞贝城进行发掘时，人们所见到的景象是——"城里几乎每一座房屋和别墅的墙上都有画，画着柱子和远景，还模仿着带框的画和舞台场面。这些画自然并不都是杰作，然而看到这样一个无名小城中竟有那么多艺术作品，仍然是令人惊讶的。"[③]（图3-5、图3-6）

到了公元11世纪末，随着经济的发展，构成中世纪前期欧洲社会的各种社会势力开始发生变化，新的职业阶层与新的社会机构纷纷涌现，在这其中，便包括了由各类工匠组成的职业行会。作为一种管理与监督机

① [英]贡布里希. 范景中, 译. 艺术发展史——"艺术的故事". 天津: 天津人民美术出版社, 1998: 44.
② [美]阿瑟·艾夫兰. 邢莉, 常宁生, 译. 西方艺术教育史. 成都: 四川人民出版社, 2000: 12.
③ [英]贡布里希. 范景中, 译. 艺术发展史——"艺术的故事". 天津: 天津人民美术出版社, 1998: 61.

构，此后相当长的一段时期里，行会在欧洲的美术和美术教育领域内都扮演着一个极为重要的角色。

　　"行会把从事同一职业的手艺人组织起来，确定他们相互间的关系和对顾客的义务。在手艺人遇到法律纠纷时，行会将代表他们出面调停，并在他们生病或需要时，帮助他们的家庭。行会还承担公平分配订件的任务。这类机构是在市政当局或教会的特许之下行使这些职权；为了换取这种认可，行会同意实行严格的自我约束，加强对其会员的管理和控制。"①（图3-7）

　　行会控制下的以作坊学徒制为基础的美术教育，从其价值取向上看，同样体现出一种"谋生"与"职业培训"的传统。作为一位彼时有志于从事美术职业的青年，"他起初是给艺术名家当学徒，协助师傅工作，开始是执行指示，填充画面上比较次要的部分。逐渐开始学习怎样表现一个使徒，怎样画圣母。他要学习怎样描摹和重新安排古书中所描绘的场面，并且把它们安置到各种画框之中。然后他对这一切就会相当熟练，甚至能够画出没有现成图样可据的场面来。"②而其中最能说明问题的，则莫过于伦勃朗[Rembrandt Harmenszoon van Rijn，1606—1669]的遭遇了。

　　伦勃朗的一生经历，可谓是波澜起伏，尝尽了人世间的荣辱辛酸。早年，当他离开家乡来到富饶的商业中心阿姆斯特丹，凭借着过人的才气和天赋，再加上一点小小的运气，迅速地取得了艺术与商业上的双重成功，然后就像那个时代任何一位功成名就的荷兰艺术家都会做的那样，他开办了一家艺术作坊并理所当然地收纳了一批学徒。可是后来，当伦勃朗因为坚持自己的艺术理想而不愿妥协于公众的趣味，导致作品销路不畅乃至负债后，他的作坊里便渐渐变得冷清并最终再无一个学徒上门。（图3-8~图3-12）

　　显然，一种有关"谋生"传统的美术教育价值取向在幕后残酷地导演了这一切。向一个收不到商业订件的艺术家拜师学艺，无异于便是想让自己未来的生活变得像这位艺术家一样穷困潦倒，而这肯定是任何一位抱着"为了

图3-6_庞贝古城遗迹之二

图3-7_荷兰画家布列[Jan de Bray，1627—1697]所绘作品——《1675年的荷兰哈勒姆画家行会成员像》，其中左起第二人为布列本人。

图3-8_《画室中的艺术家》_[荷兰]伦勃朗

① [美]阿瑟·艾夫兰. 邢莉，常宁生，译. 西方艺术教育史. 成都：四川人民出版社，2000：31.
② [英]贡布里希. 范景中，译. 艺术发展史——"艺术的故事". 天津：天津人民美术出版社，1998：107.

图3-9_《1629年的自画像》_[荷兰]伦勃朗

图3-10_《画家与他的妻子》_[荷兰]伦勃朗

图3-11_《夜巡》_[荷兰]伦勃朗

图3-12_《1669年的自画像》_[荷兰]伦勃朗

学一门谋生手艺"想法而来的学徒都不愿意看到的。伦勃朗违背了"游戏规则",自然要受到"惩罚"。

相似的场景,亦在世界的东方上演。隋、唐以后,随着工匠行会制度及其相应美术教育机制的形

图3-13_甘肃敦煌莫高窟第一百一十二窟之反弹琵琶伎乐天像_唐

图3-14_陕西咸阳唐章怀太子李贤墓中墓室壁画之观鸟捕蝉图(局部)

图3-15、图3-16_《朝元仙仗图》_[北宋]武宗元

图3-17、图3-18_《朝元仙仗图》_[北宋]武宗元

成，工匠美术教育的重心渐渐由官府转向了民间。至于其中的美术教育价值取向，我们则不妨先来看看北宋初年由李昉等编撰的《太平广记》中所记载的这样一则逸事：

"皇甫轸画鬼神及雕，形势若脱。轸与吴道玄同时。吴以其艺逼己。募人杀之。"① （图3-13、图3-14）

其中的吴道玄便是被后世画工尊为"祖师"的唐代"画圣"吴道子，作为一位彼时即已是画名满天下的艺术家，从其学艺者一定不在少数，因此吴道子在当时的美术教育领域内也一定扮演着一个极为重要的"导师"角色，但就是这样一位"为人师表"者，却仅仅因为感到自己的生存地位受到了同行皇甫轸的威胁便欲除而后快之，可以想象，在其主持下的美术教育活动中，某种有关"谋生"的意识与教育价值取向将会是何等般地强烈。

同样还是关于吴道玄，唐人张彦远所撰《历代名画记》中写道："国朝吴道玄，古今独步……当有口诀，人莫得知。"②为何会当有口诀却人莫得知呢？其实这与彼时民间画工教育中一种有关"谋生"传统的美术教育价值取向应该说颇有关系，为了防止赖以谋生的技艺外传，画工之间的美术技艺传承多以"口传亲授"的"非文本"方式进行，而若是没有传人，或是其间发生了什么变故，这"口诀"自然就湮没尘埃中了。与此相类似的则还有所谓"粉本多宝蓄"。粉本，乃是当时画工美术教育中的一个重要媒介，元人汤垕所撰《古今画鉴》中便云："古人画稿，谓之粉本，前辈多宝蓄之。"③之所以要"多宝蓄"，除了粉本中"多有神妙"④的缘故外，当然也离不开某种出于生计方面的考虑。（图3-15~图3-18）

可以说，一种表现出极强防范意识，有关"谋生"传统的美术教育价值取向，始终若隐若现于唐、宋、元、明、清历代的民间美术教育领域。

① [宋]李昉，等. 太平广记. 北京：中华书局，1961：1626、1627.
② 王伯敏，任道斌. 画学集成（六朝~元）石家庄：河北美术出版社，2002：111.
③ 王伯敏，任道斌. 画学集成（六朝~元）石家庄：河北美术出版社，2002：710.
④ 王伯敏，任道斌. 画学集成（六朝~元）石家庄：河北美术出版社，2002：711.

●延伸与拓展

一、知识点击

伦勃朗[Rembrandt Harmenszoon van Rijn, 1606—1669]

欧洲17世纪最杰出的艺术家之一,也是荷兰历史上的一位现实主义绘画巨匠,半生富足,半生潦倒。

伦勃朗一生创作了数以千计的油画、版画和素描作品,其中肖像题材所占的比例最大。对于所描绘的对象,伦勃朗自有其深刻的理解和独到的观察力,作品中往往采取富有强烈戏剧性的光影明暗对比,形体塑造概括有力,画面色调深沉含蓄,色彩层次细腻丰富。

至于伦勃朗最让后世景仰敬重之处,则是其中年后虽然屡遭命运的打击,却仍能坚持自己的艺术理想与追求而毫不动摇,以其执着成就伟大。

二、思考练习

阿尔布雷特·丢勒[Albrecht Durer, 1471—1528]身为欧洲文艺复兴时代最具声望的大师之一,他的画作给我们的感觉或许是神圣而不可超越。但倘若能见识一下阿尔布雷特·丢勒彼时于拜访威尼斯和尼德兰两地期间所写下的书信与游记中的文字,则我们感受更深的印象恐怕会是——作为一名凭自己一技之长而终日忙碌于"谋生"的凡夫俗子——阿尔布雷特·丢勒所经历的种种欢喜与忧烦。请阅读如下数段文字材料,然后作相关的思考与阐述。

威尼斯,1506年1月6日

致纽伦堡尊敬而英明的维利巴尔德·皮克海姆:

尊敬的先生,祝你和你的家人年年愉快!恭祝你一切都好,亲爱的皮克海姆先生!

……

我请求你不要为我欠你的债务着急,因为我一直惦记着这件事。一旦上帝保佑我回到家里,我就会恭恭敬敬地到你那儿还债,并会表示万分感谢。我要为德国人画一幅画,他们将付给我110莱茵古尔登,而我作这幅画的实际花费不超过5个古尔登。我将在八天内处理好画底,然后马上着手画。如果上帝保佑,这幅祭坛画将在复活节后的一个月内完成。

……

阿尔布雷特·丢勒

1506年2月7日

亲爱的先生,首先向你致敬。如果你一切都好,我会感到由衷的高兴,就像我为自己一切都好而感到高兴一样。

……

我多么希望你现在也在威尼斯呀!这里每天都有越来越多的优秀的意大利人愿意与我为伴——这令我感到高兴——这些人都很理智,有学问,会弹鲁特琴,吹风笛,还是绘画鉴赏家。他们有高尚的情操和诚实的美德,对我很尊重,也很友好。当然,他们中也有最不可靠、喜欢说谎、善于偷偷摸摸的恶棍。我以前简直不相信地球上还会有这样的人。如果一个人不了解他们,就会认为他们是世界上最善良的人。这些人同我谈话时,我不禁暗自发笑,他们明知道自己的卑鄙行径臭名昭著,却还恬不知耻。

我有许多意大利好友,他们警告我,不要和他们的画家一起吃饭、喝酒,因为这些画家中有许多都是我的敌人。他们模仿我那些挂在教堂里的画，或者，不管在什么地方，只要看到我的画，他们就模仿。模仿以后，他们就开始批评这些画，说我的画不是用古代的风格创作的，又说我的画没什么好的地方。

……

阿尔布雷特·丢勒

公元1520年

圣基利安节之后的星期四，我，阿尔布雷特·丢勒自己出钱，和妻子从纽伦堡来到了尼德兰。

……

圣母升天节后的星期日，我看到了安特卫普圣母大教堂的大游行，全城的人们都聚集在一起，他们来自各行各业，穿着节日的盛装，每一行的职业都有自己的标志，让人可以分辨出来。在游行队伍中，人们举着昂贵的柱形金烛台以及长长的法兰克式旧金喇叭。队伍中还有很多穿着德国服装的风笛手和鼓手，大声地吹打着。我看着游行队伍走过街道，队伍很宽，在交叉路口占了很大的地方，可是秩序井然，他们中有金匠、画家、石匠、刺绣匠、雕刻家、细木工、木匠、海员、渔夫、屠夫、皮匠、织布匠、面包师、裁缝、制鞋匠，以及一切为了生存而工作的男女工匠，还有店主和商人以及他们的伙计，后面是射手，手里拿着枪、弓箭、弩，接着是骑兵和步兵，后面跟着许多城市卫兵。

（《版画插图丢勒游记》）

三、学习研究

对于行会控制下的以作坊学徒制为基础的美术教育实践方式，历来褒贬不一，请结合对史实的具体考察，尝试展开相关的研究与探讨。

四、相关文献

1.[德]阿尔布雷特·丢勒．彭萍，译．版画插图丢勒游记．北京：中国人民大学出版社．

第三讲　重商主义

追溯法王路易十四时代法国的美术教育实践，在彼时的巴黎皇家美术学院内，除了前文中已提及的"专制主义"外，其实还存在有另外一种所谓"柯尔贝主义"的"重商主义"倾向。1672年就任巴黎皇家美术学院正护院公的柯尔贝正是这一倾向的坚定代表者与积极推行者，尽管，"无论在巴黎美术学院印制的章程中，还是在其演讲或会议报告中，在1777年路易十六改革之前都未提起过重商主义的理论"。①

"重商主义"一词最早见于英国哲学家和经济学家亚当·斯密[Adam Smith，1723—1790]于1776年出版发行的《国民财富的性质和原因的研究》一书中（图3-19），根据"重商主义"者的观点：

"一切财富在于金银，增加那些金属是国家工商业的巨大目标。

既然，财富在于金银，以及无金银矿山的国家只有通过贸易差额使输出价值超过输入价值才能输入金银这两个原则既然已经确立，那么，政治经济学的巨大目的就一定变成尽量减少供国内消费的外国商品的输入，尽量增加国内产业产品的输出了。因此，使国家致富的两大手段就是限制输入和奖励输出。"②

柯尔贝曾经要求美术学院内的艺术家们，尽可能多地复制那些法国境外最有价值的艺术品并将其带回巴黎。然后计划以此为蓝本，"让法国工匠能够在本国生产出威尼斯玻璃器皿、威尼斯花边制品、英国布料、德国青铜器以供国人消费，以至于国外再无诱人之物品"。③（图3-20）

作为"重商主义"倾向在彼时法国美术教育领域内的一个具体表现，则是当时巴黎皇家美术学院的院长勒布伦同时也兼任着一所由诸工种工匠组成的帝国制造厂的指导者一职，他与美术学院的其他会员们一道负责为这家工厂内的艺术品生产提供设计图，并且有义务"给该厂的60名学徒和雇工上素描课"。④

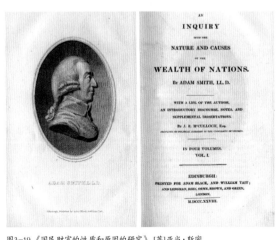

图3-19_《国民财富的性质和原因的研究》_[英]亚当·斯密

图3-20_由勒布伦设计，帝国制造厂制作的挂毯——《路易十四的驾临》

①　[德]佩夫斯纳. 陈平，译. 美术学院的历史. 长沙：湖南科学技术出版社，2003：138.
②　[英]亚当·斯密. 郭大力，王亚南，译. 国民财富的性质和原因的研究. 下卷. 北京：商务印书馆，1974：22.
③　[德]佩夫斯纳. 陈平，译. 美术学院的历史. 长沙：湖南科学技术出版社，2003：91、92.
④　[德]佩夫斯纳. 陈平，译. 美术学院的历史. 长沙：湖南科学技术出版社，2003：203.

图3-21、图3-22、图3-23_法国路易十四时代制造的家具

而这样一种美术教育活动的唯一目的或曰价值取向便在于——希望通过"素描课",在一定程度上来培养和提高工厂内工匠们的艺术素质与技巧,从而保证由这些工匠们制作出来的奢侈消费品,最终能够以其卓越的艺术水准与品质,在整个欧洲市场上的商业竞争中确立其无与伦比的优势地位。(图3-21~图3-25)

由法国人于17世纪下半叶发明的这样一种以美术教育来促进本国商品生产与商业出口,有关"利益实现"的美术教育价值取向,随着商品生产规模的不断扩大与商业竞争的日趋激烈,在其后18、19世纪的西方各国美术教育领域内,可谓是引起了日益强烈的共鸣与纷纷效仿。而一种新的、有关美术教育价值取向的传统,也就从此形成。譬如,当德累斯顿美术学院于1763年重新开办时,在所制定的简章中就清楚地写道,"艺术,可以从商业的观点来看";而且,"尽管培养出类拔萃的艺术家事关一个国家的荣誉,但提高国外对该国工业制品的需求仍然是有益的"。①

相较于美术学院"除了艺术上的考虑之外,尚有商业上的考虑",当时欧洲大陆上许多较小的美术学校则更是——"其成立的目的仅在于促进贸易而别无旁骛"。②

图3-24_帝国制造厂[the Gobelins Factory]

图3-25_由勒布伦设计,帝国制造厂制作的挂毯——《儿童园丁》

① [德]佩夫斯纳. 陈平,译. 美术学院的历史. 长沙:湖南科学技术出版社,2003:134.
② [德]佩夫斯纳. 陈平,译. 美术学院的历史. 长沙:湖南科学技术出版社,2003:137.

●延伸与拓展

一、知识点击

"重商主义"

15世纪末，欧洲社会中的资本主义生产关系开始萌芽和成长，因地理发现而形成并不断扩大的世界市场，日益增进了欧洲各国的对外贸易。作为早期的资本主义经济学说，重商主义理论形成和发展于资本主义的资本原始积累阶段。

重商主义理论强调金银货币的积累和对外贸易的重要性，主张政府应该对国家的经济进行控制与干预，积极鼓励出口，严格限制进口，通过对有限财富的争夺，不断增强本国的政治与经济实力。

图3-26_源自于土山湾画馆的木板油画——《耶稣像》

二、思考练习

请阅读如下一段文字材料，联系"重商主义"之利与弊及其可能对美术教育实践所造成的影响，作相关的思考与阐述。

"在1800年，输入中国的鸦片已达到二千箱。在18世纪当中，东印度公司与中国间的斗争所具有的性质，和外国商人与中国海关之间的一般争执所具有的性质相同，而从十九世纪初叶起，这个斗争就具有完全特别的性质。中国皇帝为阻止自己臣民的自杀行动起见，禁止外人输入这种毒药和禁止华人吸食这种毒药，而东印度公司却将印度鸦片的种植及其向中国之私卖，变成自己财政系统中的组成部分。半野蛮人已站在道德的立场，而文明世界却拿抢劫的原则来与他们对立。这个幅员广大的帝国，包含着差不多有三分之一的人类，它不管时势怎么变迁，还是处于停滞的状态，它受人藐视而被排斥于世界联系系统之外，因此它就自高自大地以老大天朝至善尽美的幻想自欺。可是现在这个帝国终究为时势所迫，不得不进行拼死的决斗，在这个决斗中，旧世界底代表是以道德思想来鼓励自己，而最新社会的代表却争取那种以最贱的价格购买和以最贵的价格出卖的权利。这是一种多么悲惨的情景呵！诗人的任何幻想，也未必能想象出比这更离奇的情景吧。"

（卡尔·马克思：《鸦片贸易史》）

图3-27_彼时土山湾画馆内的美术教育实践

三、学习研究

土山湾位于上海徐家汇地区的南部，因开挖运河积土堆成岸边高地而名，19世纪60年代西方传教士曾于此创设土山湾孤儿院。

彼时为解决孤儿的生计问题，同时也是为了满足随着在华教会势力的扩张所出现的宗教饰品，包括圣像画、雕刻品，特别是宗教人物画的商业需求，传教士们还创办了土山湾画馆，教授孤儿们学习素描、水彩、油画及版画等西洋美术知识和技能。

作为中国最早的西洋美术传授机构之一，土山湾画馆无意间竟揭开了中西近代美术文化交流史上的重要一页，而被徐悲鸿誉为"中国西洋画的摇篮"。

请结合对这样一段史实的具体考察,尝试作相关的研究与探讨。(图3-26、3-27)

四、相关文献

1.[英]亚当·斯密. 郭大力,王亚南,译. 国民财富的性质和原因的研究. 北京:商务印书馆.

第四讲　工业革命的呼唤

18世纪末、19世纪初，一场声势浩大的工业革命浪潮开始席卷全欧。这场革命对于美术教育领域的一个直接影响，便是造成了一种对工艺设计人才的强烈需求，当时的普遍状况是——"中世纪那样的作坊师傅已经被企业家们所取代，而这些企业家所雇佣的则是一些无需经过长期学徒生涯便可操作机械的无技艺工人。另外，随着老一辈手艺人（名匠）的绝迹，当时已没有了这一方面的补充人员。因此，尽管工业生产方式的效力更大，可是它却不能提供工业产品所需要的设计人员。"①

工艺设计人才"供求"方面的矛盾，在1851年于英国举办的世界博览会上以一种最直观的方式表现出来。（图3-28）

举办这次世界博览会的目的，本来是"想要为全世界所有国家提供一个史无前例的机会，以展示他们自认为是最优秀的制品，并与其他国家相比较"。但就展览会上的实用美术品或工艺美术品而言，却是"这

巨大集市的结果令世人沮丧。……绝大多数展品，正像巨型展览目录中充分表明的，似乎标志着骇人的品位缺乏"。②虽然法国的展品与其他国家的展品比较起来，仍然要略胜一筹，但"无论是法国、英国还是德国，现在毫无疑义的是，最为紧迫的问题便是为工艺美术提供更好的教育"。③（图3-29~图3-34）

这种迫切的心情，对于博览会的举办国英国来说，或许尤为强烈，因为英国的工艺美术展品不幸被列入了最低的档次。其实，早在世界博览会之前的1837年，英国就已经建立了一所由政府资助的设计学校，与法国传统不同，这所学校更多接受的是来自德意志各公国职业学校的影响，首先强调的是装饰艺术，而不是人物素描。但一个小小的疏忽，却给这个在后世看来颇为明智的选择造成了遗憾。"德国初级学校建立了一种与之相适应的图画教学体系，因此学生在进入职业学校之前，他们就已经相当擅长图画了，具备了进一步深造

图3-28_1851年英国世界博览会的开幕式

图3-29_1851年英国世界博览会场景之一

①　[美]阿瑟·艾夫兰. 邢莉、常宁生，译. 西方艺术教育史. 成都：四川人民出版社，2000：62.
②　[德]佩夫斯纳. 陈平，译. 美术学院的历史. 长沙：湖南科学技术出版社，2003：206、207.
③　[德]佩夫斯纳. 陈平，译. 美术学院的历史. 长沙：湖南科学技术出版社，2003：207.

图3-30_1851年英国世界博览会场景之二

图3-31_1851年英国世界博览会场景之三

图3-32_1851年英国世界博览会场景之四

图3-33_1851年英国世界博览会场景之五

图3-34_1851年英国世界博览会场景之六

的条件。" [1]而彼时英国的初等教育中却没有这样的一种图画教学体系。因此，当世界博览会后，亨利·科尔[Henry Cole，1808—1882]受命重建设计学校时，其所采取的第一个行动便是首先"帮助在英国小学开设了一门全国性的图画课，并制定了一项英国学校绘画教师培训计划"。[2]科尔的目标是："英国学校的所有孩子都应该把图画作为他们常规学习内容的组成部分。这样，当后来其中一部分学生进入设计学院学习时，他们就有了接受更高一级教育的基础。" [3]（图3-35）

科尔改革的结果，是为英国建立了一种双轨制的专

① [美]阿瑟·艾夫兰. 邢莉，常宁生，译. 西方艺术教育史. 成都：四川人民出版社，2000：74.
② [美]阿瑟·艾夫兰. 邢莉，常宁生，译. 西方艺术教育史. 成都：四川人民出版社，2000：75.
③ [美]阿瑟·艾夫兰. 邢莉，常宁生，译. 西方艺术教育史. 成都：四川人民出版社，2000：75.

图3-35_亨利·科尔

图3-36_专为亨利·科尔设计的圣诞卡，亦是世界上最早批量制作的圣诞卡之一

业艺术教育体系——"纯艺术家由美术学院培养，在那里，素描写生课程仍然是核心教学内容。相比之下，工艺设计师是由一种设计学校培养的，在那里，学校总课程的设置是以装饰形式的学习为中心的。"① 这一双轨制体系的确立，可谓有效地应对了英国工艺设计师的培养难题，而其中设计学校内的美术教育价值取向，自然是一种有关"谋生与利益实现"传统的美术教育价值取向。（图3-36）

与此同时，英国以外其他同样处于工业化进程中的欧洲诸国，包括美国的美术教育领域内，从一种有关"谋生与利益实现"的教育价值取向出发，人们也都不约而同地，在各自探索与相互交流着一条"未来工艺设计师"的培养之道。

我们看到，在18、19世纪的西方美术教育领域，先

是"重商主义"，然后是一场工业革命，其所造成的对于大量工艺设计人才的现实需要，使得一种有关"谋生与利益实现"的美术教育价值取向传统持续"升温"，几乎到了可以被称之为一种"时代的呼唤"的地步。但有一个事实，却让后人颇为怀疑，彼时纷纷宣称在某种有关"谋生与利益实现"教育价值取向引导下的各种美术教育实践，其中的绝大部分是否真正能够有益于"利益的实现"。这个事实便是——"直到几乎19世纪末，装饰艺术或工艺美术学校的创建者与校长们中还没有一个人认识到在材料、工艺、用途和美学形式之间的内部存在着有机关系"，② 而其中许多设计学校的教学内容安排，则是与美术学院并无二致，"人体素描写生被视为任何未来设计师的首要任务。"③

事实的改变，似乎在等待着20世纪的到来。

① [美]阿瑟·艾夫兰. 邢莉，常宁生，译. 西方艺术教育史. 成都：四川人民出版社，2000：75.
② [德]佩夫斯纳. 陈平，译. 美术学院的历史. 长沙：湖南科学技术出版社，2003：214.
③ [德]佩夫斯纳. 陈平，译. 美术学院的历史. 长沙：湖南科学技术出版社，2003：212.

●延伸与拓展

一、知识点击

工业革命

又称产业革命, 指资本主义工业化的早期发展历程, 18世纪下半叶, 以英国人詹姆斯·瓦特[James Watt, 1736—1819]改良蒸汽机为代表的一系列技术革新和发明标志着这场革命的开始, 并于此后由英国蔓延扩大到整个欧洲乃至世界。

工业革命所造成的巨大影响, 涉及人类社会生活的各个层面, 其不仅仅是一场生产技术的变革, 同时也是一场社会关系的变革。就生产技术领域而言, 工业革命使机器生产逐步替代了手工劳动, 并以大规模工厂化的生产取代了个体手工工场的生产; 而从社会关系上考察, 工业革命则是使人类社会中诞生了两个全新的阶级——工业资产阶级和工业无产阶级。对于人类文明的现代化历史进程, 工业革命所起到的作用功不可没。

二、思考练习

18世纪末、19世纪初, 一场声势浩大、席卷全欧的工业革命浪潮所造成的工艺设计人才"供求"方面的矛盾, 具体何指? 是因为熟悉传统工艺设计的人才不会、不愿或者不能操作机器, 还是因为会操作机器的熟练工人却缺乏现代工艺设计的才能? 或者是二者兼而有之? 请作相关的思考与阐述。

三、学习研究

19世纪中叶, 出于对机器化工业大生产方式的回应, 经由拉斯金[John Ruskin, 1819—1900]和威廉·莫里斯[William Morris, 1834—1896]诸辈所倡导与实践的一场"艺术与手工艺运动"[The Arts and Crafts Movement]首先在英国发源。这场运动对其后西方的美术及美术教育领域都产生了极为深刻的影响。请结合对史实的具体考察, 尝试作相关的研究与探讨。(图3-37、图3-38)

四、相关文献

1.[美]阿瑟·艾夫兰. 邢莉、常宁生, 译. 西方艺术教育史. 成都: 四川人民出版社.

图3-37_威廉·莫里斯　　　　　　图3-38_威廉·莫里斯设计的壁纸图案

第五讲 欲以工艺敌各国

晚清，在遭受了海外列强坚船利炮的百般羞辱后，彼时国门洞开的中国，上至朝廷大员，下至平民百姓，所达成的一个最大共识便是——如彼时魏源在《海国图志》一书中所言——"则宜师夷长技以制夷。"①并由此引发出了一场大规模的"洋务运动"。（图3-39）

作为这场运动的一个直接成果，是近代中国工艺美术教育的兴起，对于个中的缘起，彼时两位官员的意见可以说颇具说服力。1901年，时任湖广总督的张之洞（图3-40）会同两江总督刘坤一（图3-41）上书光绪皇帝，曰：

"世人多谓西国之富以商，而不知西国之富实以工。盖商者运已成之货，工者造未成之货，粗者使精，贱者使贵，朽废者使有用，有工艺然后有货物，有货物然后商贾有贩运。……商之盛由于财力，必资本充而后盈余厚，故计银钱以为本息。工之盛由于人力，有一人之技艺，则有一人之成器，故计人以本息。外国财多，中国人多，今中国讲富国之术，若欲以商务敌欧美各国，此我所不能者也。若欲以工艺敌各国，此我所必能者也。"（《遵旨筹议变法谨拟采用西法十一条折》）②

"欲以工艺敌各国，此我所必能者也"，振兴工艺教育包括工艺美术教育，被视为了一条可以挽救清廷、富国强民、切实可行的良策，其中的美术教育价值取向，自然是离不开某种有关"谋生与利益实现"的传统，这在1904年1月13日由清政府颁布的《奏定学堂章程》（即"癸卯学制"）中，体现得尤为明显，譬如其中所规定初等小学堂、高等小学堂、中学堂与初级师范学堂图画科目的"教育要义"或"分科教法"便分别表述为：

图3-39_ 1872年清政府派出的第一批留美幼童

图3-40_ 张之洞

图3-41_ 刘坤一

"其要义在练习手眼，以养成其见物留心、记其实象之性情；但当示以简易之形体，不可涉于复杂，此可酌量地方情形加课。"（《奏定初等小学堂章程》）③

"其要义在使知观察实物形体及临本，由教员指授画之，练成可应实用之技能，并令其心思习于精细，助其

① 璩鑫圭. 中国近代教育史资料汇编——鸦片战争时期教育. 上海：上海教育出版社，1990：429、430.
② 苑书义，孙华峰，李秉新. 张之洞全集·第二册. 石家庄：河北人民出版社，1998：1439、1440.
③ 舒新城. 中国近代教育史资料·中册. 北京：人民教育出版社，1981：417.

图3-42_ 1939年3月，中华职业教育社在昆明召开工作讨论会，与会者合影，图中二排第六人为黄炎培

图3-43、图3-44_ 中华民国12年（1923年）出版发行的《工艺全书》

愉悦。"（《奏定高等小学堂章程》）①

"习图画者，当就实物模型图谱，教自在画，俾得练习意匠，兼讲用器画之大要，以备他日绘画地图、机器图，及讲求各项实业之初基。……"（《奏定中学堂章程》）②

"先就实物模型图谱教自在画，俾得练习意匠，兼讲用器画之大要，以备他日绘画地图、机器，及讲求各项实业之初基。……"（《奏定初级师范学堂章程》）③

晚清内忧外患的历史情境，决定了彼时中国工艺美术教育领域内的美术教育价值取向只会，也只能是一种有关"谋生与利益实现"的美术教育价值取向。

辛亥革命之后，中国历史进入了一个被称之为"中华民国"的新的历史阶段，在这个阶段的图案、工艺与手工教育领域，由晚清沿袭而来的某种有关"谋生与利益实现"传统的美术教育价值取向依然强烈，当然，其最终的指向已经不是为了挽救一个摇摇欲坠的朝廷，而是着重于如何于百废待兴之际，来促进民众生活的幸福与社会经济的繁荣，建设一个新世界。

如民国6年（1917年）创立于上海的"中华职业教育社"在其立社章程中所言：

"第一条　本社之立，同人鉴于方今吾国最重要最困难问题，无过于生计，根本解决，惟有沟通教育与职业。同人认此为救国家救社会唯一方法，故于本社之

立，矢愿相与终始之。

第二条　本社事业之目的如下列：

甲、推广职业教育；

乙、改良职业教育；

丙、改良普通教育，俾为适于生活之准备。"④

值得一提的是，作为"中华职业教育社"主要创办者的黄炎培[1878—1965]，对于如何通过美术教育来实践"谋生与利益的实现"这一价值取向，彼时应该已是颇有心得，在此前随同中国游美实业团考察归来的"调查美国教育报告"中，黄炎培曾经不无赞赏之意地谈道：

"美国教育，于美术一门亦甚注重，但其所授者皆为应用之美术，而非徒饰美观之美术。其美术之分科：一、金类细工，二、陶器，三、屋内装饰画，四、衣样画，五、美术画，六、广告画。凡此各科，其成绩均能尽态极妍，各臻其妙，然无不合于实用者，无一非美术，无一非应用，此其所以可贵也。"⑤（图3-42）

而早在民国元年，时任南京国民政府教育总长的蔡元培在发布其"对于教育方针之意见"时，即已经以一句"手工，实利主义也，亦可以兴美感"⑥言简意赅地引领了整个民国时期中国工艺美术教育领域内的教育价值取向——一种有关"谋生与利益实现"传统的美术教育价值取向。（图3-43、图3-44）

① 舒新城. 中国近代教育史资料·中册. 北京：人民教育出版社，1981：431.
② 舒新城. 中国近代教育史资料·中册. 北京：人民教育出版社，1981：506.
③ 舒新城. 中国近代教育史资料·中册. 北京：人民教育出版社，1981：673.
④ 璩鑫圭，童富勇，张守智. 中国近代教育史资料汇编——实业教育 师范教育. 上海：上海教育出版社，1994：410.
⑤ 中国第二历史档案馆. 中华民国史档案资料汇编·第三辑·教育. 南京：江苏古籍出版社，1991：396、397.
⑥ 蔡元培. 蔡孑民先生言行录. 济南：山东人民出版社，1998：113.

●延伸与拓展

一、知识点击

"癸卯学制"

1904年, 清政府颁布《奏定学堂章程》, 因时逢癸卯年 (光绪二十九年), 故又称 "癸卯学制"。

"癸卯学制" 是一个包含了从初等教育到高等教育、从实业教育到师范教育的完整体系, 对于彼时有关教育实践的诸方面均作了详尽的规定, 强调首先要以儒家伦理陶冶学生品行, 而后再辅以西学技艺, 体现了 "中体西用" 的主导思想和教育宗旨。

相比之前虽经正式颁布却未施行的 "壬寅学制", "癸卯学制" 是中国历史上第一个正式颁布且在全国普遍实行的学制, 确立了中国现代学制的基本模式和框架, 一直沿用到1911年清廷覆灭。

二、思考练习

近代中国工艺美术教育兴起的缘由何在? 请作相关的思考与阐述。

三、学习研究

作为近邻, 历史上的日本曾经长期以华夏为师, 在政治、思想、文化、教育乃至于衣、食、住、行上都深受中国影响, 对中华文明可谓敬仰有加。但自1868年日本明治维新伊始, 这种学习的重心和目标都发生了改变, 在 "西学东渐" 的路上, 日本渐渐走在了中国的前面, 并由此获得了巨大的进步, 及至1895年中日甲午之战后, 日本反而成为国势日蹇的清廷所急欲师从的对象了。

倘若回顾此一阶段日本美术教育领域内的发展与变化, 我们将会发现许多与稍后中国美术教育领域内所要经验之事的相似之处, 只不过, 彼时日本美术教育领域内的变革似乎要更彻底, 也更成功。请结合对这样一段史实的具体考察, 尝试展开相关的研究与探讨。(图3-45~图3-48)

图3-45、图3-46、图3-47、图3-48_ 1873年, 日本教育部发行了一系列的彩色木刻版画印刷品, 以用于帮助普通日本家庭教育子女。这是其中题名为 "西方伟人" 系列中的四幅印刷品, 依次介绍的是: 英国发明家、工程师詹姆士·瓦特[James Watt, 1736—1819]; 英国画家、艺术评论家、皇家美术学院的首任院长乔舒亚·雷诺兹[Joshua Reynolds, 1723—1792]; 美国科学家、发明家、政治家、美国独立战争的领袖本杰明·富兰克林[Benjamin Franklin, 1706—1790]和意大利文艺复兴时期的威尼斯画派名家提香[Tiziano Vecellio, 1490—1576]。

四、相关文献

1.璩鑫圭. 中国近代教育史资料汇编——鸦片战争时期教育. 上海: 上海教育出版社.

2.舒新城. 中国近代教育史资料. 北京: 人民教育出版社.

3.璩鑫圭, 童富勇, 张守智. 中国近代教育史资料汇编——实业教育　师范教育. 上海: 上海教育出版社.

4.中国第二历史档案馆. 中华民国史档案资料汇编·第三辑·教育. 南京: 江苏古籍出版社.

第六讲　为社会主义服务

从1949年建国到1966年"文化大革命"开始，这十七年期间的中国工艺美术教育领域——根据袁熙旸在《中国艺术设计教育发展历程研究》一书中的研究——在具体的培养目标上，曾经出现过三次较大的调整。

第一次调整发生于新中国成立之初，着重于通过对此前经验的批判与总结，以确立新时期符合社会建设需要的教育宗旨与培养目标。（图3-49）

1949年9月在北京召开的中国人民政治协商会议第一届全体会议通过了《中国人民政治协商会议共同纲领》，其中第五章"文化教育政策"第41条确定：

"中华人民共和国的文化教育为新民主主义的，即民族的、科学的、大众的文化教育。人民政府的文化教育工作，应以提高人民文化水平，培养国家建设人才，肃清封建的、买办的、法西斯主义的思想，发展为人民服务的思想为主要任务。"①

由此出发，1956年中央工艺美术学院成立时，时任副院长一职的庞薰琹[1906—1985]在典礼上发言：

"工艺美术学院所培养的学生应是具有一定马列主义思想水平和艺术修养，掌握工艺美术的创作设计及生产知识与技能，全心全意为社会主义服务的专门人才。"②

第二次调整发生于"大跃进"期间。（图3-50）

1957年2月，毛泽东在最高国务会议第11次（扩大）会议上，作了题为《关于正确处理人民内部矛盾的问题》的讲话，讲话中指出：

"我们的教育方针，应该使受教育者在德育、智育、体育几方面都得到发展，成为有社会主义觉悟的有文化的劳动者。"③

图3-49_ 刘海粟：《庆祝社会主义改造胜利》

1958年9月19日，中共中央、国务院发布《关于教育工作的指示》，明确提出：

"党的教育工作方针，是教育为无产阶级的政治服务，教育与生产劳动相结合；为了实现这个方针，教育工作必须由党来领导。"④

"共产主义社会的全面发展的新人，就是既有政治觉悟又有文化的、既能从事脑力又能从事体力劳动的人，而不是旧社会只专不红，脱离生产劳动的资产阶级知识分子。"⑤

受到此一教育方针的影响，与当时的其他教育领域一样，在工艺美术教育领域内某种政治性的气氛得到了加强，从中央工艺美术学院1958年制定的教学大纲中的措

---

① 黄仁贤. 中国教育史. 福州: 福建人民出版社, 2003: 500、501.
② 袁熙旸. 中国艺术设计教育发展历程研究. 北京: 北京理工大学出版社, 2003: 166.
③ 黄仁贤. 中国教育史. 福州: 福建人民出版社, 2003: 519.
④ 黄仁贤. 中国教育史. 福州: 福建人民出版社, 2003: 519、520.
⑤ 黄仁贤. 中国教育史. 福州: 福建人民出版社, 2003: 520.

辞，便很可以感觉到这种变化，教学大纲中对培养目标是如此表述的：

图3-50_ "大跃进"时期的宣传画

"在贯彻教育为政治服务、教育与劳动相结合的方针下，培养德、智、体全面发展，具有共产主义觉悟，具有全面的专业理论知识与生产技能，在艺术上能继承发扬民族、民间优秀传统，能识别、批判资产阶级艺术思想，具有专业设计能力，又红又专、一专数能、能上能下的普通劳动者。" [1]

第三次调整则是在20世纪60年代初，主要是针对前一阶段人才培养目标中所出现的偏差与失误之处进行修订与改正。中央工艺美术学院的培养目标又重新调整为：

"具有忠实于社会主义文化建设事业的坚强意志，有一定的马列主义基础知识和科学文化水平，在工艺美术专业上，有较高的理论知识、设计能力，并通晓工艺过程的工艺美术设计师。" [2]

综观这一阶段的中国工艺美术教育领域，就如其中不断变化着的人才培养目标一样，各个方面都处在一个不断调整、适应的过程中，但不管具体的目标如何改变，从美术教育价值取向上来判断，却仍然是某种有关"谋生与利益实现"的传统占据着主导的地位。只是，在一个高扬集体主义精神大旗的年代，所有个人的谋生规划与局部团体的利益实现，经由社会主义计划经济的安排，都已经紧紧地与整个社会、国家的命运联系在了一起。（图3-51~图3-54）

图3-51、图3-52、图3-53_ 建国初期雕塑名家曾龙升[1900—1964]的作品：《包青天》、《屈子行吟》、《林冲舞刀》

图3-54_ 瓷雕《画花瓶》

① 袁熙旸. 中国艺术设计教育发展历程研究. 北京：北京理工大学出版社，2003：169.
② 袁熙旸. 中国艺术设计教育发展历程研究. 北京：北京理工大学出版社，2003：169.

●延伸与拓展

一、知识点击

中央工艺美术学院

中央工艺美术学院的历史沿革如下:

1956　5月21日,中华人民共和国国务院正式批准成立中央工艺美术学院。学院的师资队伍由中央美术学院华东分院实用美术系、中央美术学院实用美术系、清华大学营建系等单位的专业教师及若干名海外归来的专家共同组成。11月1日,中央工艺美术学院在北京马神庙白堆子正式举行建院典礼(此日被定为院庆日)。当时,学院下设染织美术、陶瓷美术和装潢设计三个系;同时成立中央工艺美术学院研究所,下设美术委员会和科学委员会;另有理论研究室、刺绣研究室、服装研究室、家具研究室、张景祜泥塑工作室和汤子博面塑工作室。

1957　经由轻工业部调配,中央工艺美术学院迁入朝阳区东三环中路34号。同年,学院归属文化部领导。增设室内装饰系。

1958　9月,创办当时唯一的一本工艺美术类综合性学术刊物《装饰》杂志。

1960　5月26日,经中央宣传部、中央文教小组批准,中央工艺美术学院等12所艺术院校被文化部定为重点学校。

1977　恢复高考,招收"文革"后第一批本科生、专科生和研究生。

1980　成立"中央工艺美术学院设计中心"(1985年改为"环境艺术研究设计中心"),结合教学、科研,对社会展开艺术设计和创作的有偿服务。同年6月,《装饰》杂志复刊,并出版丛刊《工艺美术论丛》。创办服装设计专业,招收服装设计专科生。

1982　招收服装设计本科生。

1983　成立工艺美术史系,该专业成为国内唯一的博士点。

1984　建立工业设计系和服装设计系。

1986　3月,中央工艺美术学院工艺楼落成,建立实验室管理处,设木工、印染、服装、漆艺、陶瓷、印刷、摄影、装裱、电脑、电教等工艺实验室。相继设立"平山郁夫奖学金"、"枫华奖学金"、"张光宇艺术奖"和"王己千创作设计研究奖"等奖励基金,激励全院师生勇攀艺术高峰。

1989　学院先后与日本东京艺术大学、日本多摩美术大学、美国芝加哥艺术学院、美国华盛顿大学美术学院、美国麻省艺术学院、美国佐治亚州立大学、美国纽约视觉艺术学院、芬兰赫尔辛基艺术设计大学、法国巴黎国立装饰艺术学院、德国斯图加特造型艺术学院、韩国东亚大学等20余所大学建立了校际友好交流关系,聘请著名美籍华人科学家李政道、日本著名画家平山郁夫、德国著名工业设计家雷曼、美籍华裔著名画家丁绍光和日本著名工业设计家平野拓夫为学院名誉教授,同时还聘请国际和国内艺术设计领域的数十位著名专家和学者为客座教授。

1998　9月,根据国务院部委撤并所属院校划转的精神,学院划归北京市。

1999　根据国家高等教育管理体制改革和布局结构的调整精神,经教育部批准,1999年11月20学院并入清华大学,更名为清华大学美术学院。中央工艺美术学院并入清华大学,在我国高等教育管理体制改革的进程中产生了重要的影响,它体现了科学与艺术相结合在21世纪高等教育的发展趋势。并入清华大学之后,在学校建设一流大学战略思想指导下,依托综合学科优势,加大教学改革的力度,在学科建设、人才培养、科学研究、队伍建设、设施环境等方面取得了明显改善,学科结构更趋合理,优势进一步加强,特色更加突出,取得了显著的成绩。

(http://ad.tsinghua.edu.cn/qhmy/viewcontent.jsp?columnID=2)

二、思考练习

从1949年10月中华人民共和国成立到1956年,中国共产党领导全国各族人民有步骤地实现从新民主主义向社会主义的转变,迅速恢复了国民经济并开展了有计划的经济建设,在全国绝大部分地区基本上完成了对生产资料私有制的社会主义改造。这其中就包括了对手工业及其教育领域内的社会主义改造。(图3-55~图3-60)请仔细阅读如下一篇文字材料,然后作相关的思考与阐述。

要把手工业生产合作社办好

朱德

(1954年12月24日)

一年来手工业合作化工作有进步,有成绩。入社人数从三十万发展到一百多万;生产总值从五万多亿增加到十一万亿。

前一个月,看了你们的展览会,从展览中,可以看到一年来手工业在切实贯彻执行总路线。在为农业生产服务中,不仅制造了大量的旧式小农具,而且还创造了新式的改良农具。在为城乡人民生活服务中,制造了切合实用的日用百货、家庭用具。在为国家工业化和为基本建设服务中,取得了一定成绩。经过生产技术革新,一些由手工操作的环节也逐步发展为半机械化和机械化了。工艺美术馆的展品,精致美观,都是我国劳动人民辛勤劳动的艺术创造。发展我国工艺美术品,组织出口,换回机器,帮助了国家社会主义工业化。这样的展览会办得很好,这是最实际的工作总结。全国各地都应该办这样的展览会。展览,不仅供欣赏,还要出售产品供大家选购。听说你们在北京王府井开了一个工艺美术品商店,上海也开起来了,这样很好。我想这样的商店在全国各地都应该开起来。

国家要大力扶植手工业。一年来,国家对手工业给了各种帮助。国家物资局和各工业部门拨了不少物资给手工业合作社,财政上作了必要的投资,人民银行给了低息贷款,税收上也给予了优待。这只有社会主义国家才能办到。政府帮助手工业,是帮助手工业劳动者克服困难,积极地走合作化道路,积极地参加国家社会主义建设。

要把合作社办好。提倡物美价廉、老少无欺,反对粗制滥造、偷工减料。合作社可以实行计件工资,按劳分配。要提倡节约,反对浪费。要建立合作社的家务。公共积累是社会主义的公共财产,大家都要爱护它,保护它。赚了钱,不要搞"三光政策",吃光了,用光了,分光了。要进行集体主义的教育,反对自私自利、损人利己,反对使集体吃亏、个人发财。要把合作社的文化福利事业办好,使社员感受到社会主义的好处,不想退社单干。

应该保护和发展各种工艺美术品行业。有很高手艺的老师傅是勤学苦练成功的,应该受到国家和人民的尊重和爱护,给他们优待。老师傅把很高明的手艺传给青年后辈,是新社会给他们的光荣任务。希望他们不要保守,否则"人亡艺绝",绝技就要失传了。中国民间恐怕有许多绝技已经失传了,那是很可惜的。

手工业合作社要依靠群众去办,不要少数人包办。干部要从下面培养出来,从劳动生产中锻炼出来。下面有许多有本事的人,还没有被发现。只要依靠劳动群众,事情就一定会办好。要把合作社办好,还必须依靠党的领导,建立好领导机构,订立章程、条例,照章办事,"不以规矩,不能成方圆"。

①　这是朱德同志在全国第四次手工业代表会议上的讲话的节录。

②　这里指当时发行的人民币。中国人民银行自1955年3月1日起发行新的人民币,代替原来流通的旧人民币,按规定人民币新币一元等于旧币一万元。

图3-55、图3-56、图3-57、图3-58、图3-59、图3-60_一九五一年（前东德）莱比锡博览会中国馆场景

三、学习研究

如前所述，从1949年建国到1966年"文化大革命"开始，这十七年期间的中国工艺美术教育领域在具体的培养目标上曾经出现过三次较大的调整，其中第二次调整过程中所出现的偏差与失误之处何在？请结合对史实的具体考察，尝试作相关的研究与探讨。

四、相关文献

1.袁熙旸.中国艺术设计教育发展历程研究.北京: 北京理工大学出版社.

第七讲 国立包豪斯

图3-61_ 德绍[Dessau]的包豪斯校舍

图3-62_ "包豪斯的精英们",从左至右依次为:格罗庇乌斯、伊登[Johannes Itten, 1888—1967]、克利[Paul Klee, 1879—1940]、康定斯基[Wassily Kandinsky, 1866—1944]、阿尔巴[Josef Albers, 1888—1976]、纳吉[Laszlo Moholy Nagy, 1895—1946]、凡德罗[Ludwig Mies Van der Rohe, 1886—1969]、布劳耶[Marcel Breuer, 1902—1981]

图3-63_ 格罗庇乌斯

1919年,在德国的魏玛,诞生了一所新的学校——国立包豪斯(图3-61、图3-62)。

关于这所学校在西方艺术教育史上的地位,弗兰克·惠特福德[Frank Whitford]于20世纪80年代所作出的评价可谓朴实而中肯:

"在包豪斯的短暂历程中,不论其结果是好是坏,反正,它的确促使艺术教育领域发生了一场革命,我们至今依然能够感觉到它的影响。现在,每一名就读艺术学院的学生,为了自己在学校里有那些'基础课程'要学,都得感激包豪斯的贡献。每一所艺术院校,之所以能给学生开课讲授材料、色彩理论与三维设计的内容,都或多或少地要归功于大约六十年以前在德国进行的那场教育实验。"[①]

至于包豪斯的教育价值取向,则是最为清晰地反映在了由这所学校的创始者沃尔特·格罗庇乌斯[Walter Gropius, 1883—1969]于1919年4月发表的《包豪斯宣言》中:

"建筑师们、画家们、雕塑家们,我们必须回归手

① [英]弗兰克·惠特福德. 林鹤, 译. 包豪斯. 北京: 三联书店, 2001: 2、3.

图3-64_1923年包豪斯展览的宣传画

图3-65_"色彩与形状的秩序",出自1929至1930年间由康定斯基主持的色彩研讨会的一幅习作。

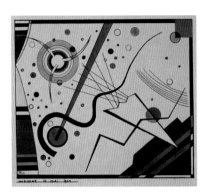

图3-66_"无题",康定斯基所作,1924年

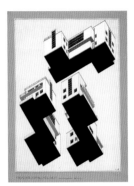

图3-67_"艾尔弗雷德·阿恩特[Alfred Arndt, 1896—1976]于1926年为德绍的"包豪斯大师之屋"[the Bauhaus Masters' houses]所作的色彩外观设计

图3-68_赫伯特·拜耶[Herbert Bayer, 1900—1985]于1924年为一家牙膏厂商所设计的宣传画

图3-69_布劳耶于1925年设计的"瓦西里椅"

图3-70_布劳耶与根塔·斯托尔策[Gunta Stölzl, 1897—1983]于1921年设计的"非洲之椅"

图3-71_"光线空间控制器"[light space modulator],纳吉的设计

图3-72_梳妆台,布劳耶于1923年的设计

工艺!因为所谓的'职业艺术'这种东西并不存在。艺术家与工匠之间并没有根本的不同。艺术家就是高级的工匠。……每一位艺术家都首先必须具备手工艺的基础。正是在工艺技巧中,蕴涵着创造力最初的源泉。

因此,让我们来创办一个新型的手工艺人行会,取消工匠与艺术家之间的等级差异,再也不要用它树起妄自尊大的藩篱!"① (图3-63、图3-64)

"让我们来创办一个新型的手工艺人行会",如果我们能够理解在那样一个年代,"手工艺"与"行会"这两个词意味着什么的话,我们就应该可以体会到,沃尔特·格罗庇乌斯的美术教育价值取向中潜藏着多么大的"谋生"倾向。在沃尔特·格罗庇乌斯看来,掌握了一门手工艺的"工匠"要远比那些"妄自尊大"的"艺术家"尊贵、高尚,也更符合现实利益的需要,因为:"世界再也不能像以前那样继续下去……我们这个贫困枯竭的国度几乎再也搜不出什么经费,用来支持某个文化意图,它再也顾不上那些只想自我沉醉于放纵一点小天分的人们……我预见到,不久你们大家就都不幸必须干活挣钱去了,将对艺术保持信念的,只能是那些准备为它去挨饿的人……"② (图3-65~图3-72)

一种有关"谋生与利益实现"的美术教育价值取向已经是跃然而出,而与此前的不同之处在于——包豪斯发明了一套真正能与现代化工业大生产相结合的美术教育或曰设计课程,并行之有效地将其付诸了实践。正是在包豪斯的经验基础之上,一种新的、具有现代意义的美术教育及其有关"谋生与利益实现"的教育价值取向,从此泽布四方。

---

① [英]弗兰克·惠特福德. 林鹤,译. 包豪斯. 北京:三联书店,2001;221.
② 此段文字出自沃尔特·格罗庇乌斯于1919年7月在包豪斯首届学生作品展上向学生们发表的演说记录。参见[英]弗兰克·惠特福德. 林鹤,译. 包豪斯. 北京:三联书店,2001;221.

●延伸与拓展

一、知识点击

包豪斯[Bauhaus]

1919年，被任命为校长的沃尔特·格罗庇乌斯将合并后的新学校命名为"国立包豪斯"[The State Bauhaus]。在德语中，"Bau"的字面意思是"建筑"，此外，"Bau"还很容易让人联想到德语中的另外两个词，其一是"Bauhutten"，指中世纪时泥瓦匠、建筑工人和装潢师的行会；其二是"Bauen"，表示"种植作物"。"几乎毫无疑问的是，格罗庇乌斯想让他的校名使人联想起播种、培育以及硕果累累之类的含义。包豪斯应该训练工匠们，让他们把自己的技艺结合在建筑方案当中。他们的团结合作应该以中世纪的行会为榜样，在学校内部，应该形成一个与互济会一样向心的团体。"（《包豪斯》）

从创业之初的激情到改革之后的鼎盛再到动荡无奈中的结束，"包豪斯"的命运发展历经了三个阶段：

第一阶段(1919—1925年)，魏玛时期。格罗庇乌斯任校长，其广招贤能，锐意进取，初步形成艺术教育与手工制作相结合的新型教育机制。

第二阶段(1925—1932年)，德绍时期。包豪斯将校址迁往德绍，并进行了一系列的课程改革，取得了极为优异的教学成果与声名远扬的美誉。但同样是在此期间，包豪斯校长一职两度易人，来自纳粹势力的逼迫亦日益严重。

第三阶段(1932—1933年)，柏林时期。学校迁至柏林一座废弃的办公楼，身处逆境，包豪斯的师生们虽然试图重整旗鼓，但终至回天无力，1933年4月11日，纳粹查封包豪斯，1933年8月10日，包豪斯自行宣布解散。

二、思考练习

（图3-73）

以下数段文字，引自一位曾经于1929年至1933年间就读于包豪斯的学习者的回忆。请仔细阅读，然后思考并阐述——相比较于同时期的许多艺术院校，彼时包豪斯内的美术教育实践，其"与众不同"之处究竟何在？

"有一天我去上写生课的时候，在我身边坐着的那个家伙，有本事把模特儿的每一根眼睫毛都画出来——他上过美术学院。我看看模特儿，又看看他的画，心里想：你永远也画不成那样。然后，保罗·克利走过来了，跟我的邻座说了些什么……克利表扬了我，他说，我的邻座应该向我学要怎么画画。然后我想：这是个什么学校啊——我不会画，他倒要向我学画？……

学完初步课程以后，我学会的最重要的一点是，要为当前的目标进行设计，要为人进行设计，要为大批量生产进行设计。比如说，我的任务是要做一个碗柜。阿恩特大师提问道：碗柜里会放些什么呢？如果你打算做一个碗柜，你就必须要知道人们的厨具都分为哪些种类，各自的数量又有多少，你必须从整体到细节通盘考虑，你必须永远从整体入手，随后细分的比例会有所不同……

后来，我不得不去调查每月收入在150马克到250马克之间的人群——即大众——的需要……我们的想法必须得符合经济，我们得去调查人们的社会状况……"

（《包豪斯》）

三、学习研究

回顾历史，包豪斯的"神奇"之处，不仅仅在于其所发起的那场艺术教育改革，还在于为了那场艺术教育改革而聚集到彼时包豪斯大旗之下的如此众多的艺术精英，譬如格罗庇乌斯、康定斯基、伊登、根塔·斯托尔策……请尝试追寻其中某位大师

的足迹,并展开相关的研究与探讨。(图3-74)

书店.

2.http://www.guntastolzl.org/

四、相关文献

1.[英]弗兰克·惠特福德.林鹤,译.包豪斯.北京:三联

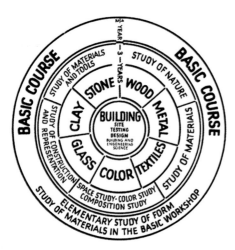

图3-73_魏玛[Weimar]时期的包豪斯课程示意图

图3-74_1926年,楼顶上的包豪斯大师们,从左至右依次为:阿尔巴、辛柏[Hinnerk Scheper, 1897—1957]、乔治·穆希[Georg Muche, 1895—1987]、纳吉、赫伯特·拜耶、朱斯特·施密特[Joost Schmidt, 1883—1948]、格罗庇乌斯、布劳耶、康定斯基、克利、利奥尼·费宁格[Lyonel Charles Adrian Feininger , 1871—1956]、根塔·斯托尔策、奥斯卡·史雷梅尔[Oskar Schlemmer, 1888—1943]

第八讲 潮流所向

上个世纪80年代，中国大陆改革开放之初，一位刚刚从海外访问归来的美术教育工作者，诸多感慨之余，曾以平实的文笔记录下了自己在路上的所见所闻，这是其中的一段文字："在工艺美术教学方面，给我的印象又不同。这些学校的基础训练、特别是实际操作的训练很严格，或者说更多样。实用美术的教学不只是注意图纸设计能力的培养，而且强调手工制作技术的掌握。因此教室就像厂房，纺织机、冶炼炉、烧陶的电窑、木工的电动机械、制作金银器的工具布满了教室。学生整天和泥土、木材、金属打交道。因为有亲自动手制作的经验，美术设计能力也随之增强。一般美术学校毕业生找工作较困难，一离学校门大部分要改行，但实用美术系的学生却大部分可以在工业或商业美术设计方面找到出路。普来特美术学院（Pratt Institute）是美国有影响的私立学校，收费极高，但是学生达到2000人（其中研究生近500人），就是由于与工商界有密切联系，学校规模与教学质量均较好，实用美术方面的学生毕业后工作较易获得。"（《欧

图3-76_普来特美术学院教学场景之二

美访问散记》）[1]（图3-75、图3-76）

几十年后的今天，对比考察国内美术教育领域，特别是高等美术教育领域内的现状，我们应该会有"似曾相识"的感受——当某些传统美术院校、专业正承受着日益严重的生存和竞争压力之时，许多实用美术、工艺美术或者设计院校、专业的发展前景却是呈现出一片欣欣向荣的气象。

图3-75_普来特美术学院教学场景之一

① 金维诺. 中国美术史论集·上卷. 哈尔滨: 黑龙江美术出版社, 2004: 278.

图3-77、图3-78、图3-79、图3-80、图3-81、图3-82、图3-83、图3-84、图3-85_通过与工商界的密切合作，普来特美术学院学生的设计方案得以迅速地转化为成品并被展示

"高等艺术教育向实用性、技能性方向发展，是社会与市场的需求。"[1]

"不能因为一些高校的操作失当就全盘否定艺术教育适应社会需求的发展趋势，高等艺术教育根据市场需要扩充专业方向，并由专业院校向文理院校拓展，对教育资源的整合与利用有着积极的意义。"[2]（图3-77~图3-85）

随着国家经济的日趋繁荣与人们审美需求的不断增长，一种有关"谋生与利益实现"传统的美术教育价值取向在当下我国美术教育领域内的流行，已是一个不可否认的事实。

从有利的一面来考察，有关"谋生与利益实现"传统的美术教育价值取向的出现，首先，可以说是有效地抑制了那种为了表现而表现，为了个性而个性的极端的美术教育价值取向的蔓延与传播，因为，如果学生通过某种美术教育所最终习得和接受的美术，是一种让大众难以理解，于社会、他人都无甚贡献与价值，甚至于有害的纯粹个人表现之事的话，那么，从一种有关"谋生与利益实

① 潘鲁生. 设计艺术教育笔谈. 济南: 山东画报出版社, 2005: 8.
② 潘鲁生. 设计艺术教育笔谈. 济南: 山东画报出版社, 2005: 11.

现"传统的立场出发，当其将来走出校门，面临着大众与社会的评判与选择时，在正常的情况下，他将是很难以此去谋生或是获得某种利益的实现的；其次，在美术教育实践中奉行一种有关"谋生与利益实现"传统的美术教育价值取向的同时，也极大地拓展和丰富了美术教育活动赖以存在的物质空间与生存基础，从而在一定程度上增强了美术教育活动抵制某种文化专制主义侵蚀与控制的能力。

而从不利的一方面来说，在这样一种有关"谋生与利益实现"传统的美术教育价值取向中——就像历史上所曾经屡屡出现过的情况那样——也隐含着一种偏向"极端功利主义"，从而给美术教育事业带来负面影响与损失的危险。譬如当下国内某些美术高考考前培训班中所奉行的教育价值取向，一切可能的审美熏陶与个性表现，在一种极其功利、机械的技艺训练与模仿中，都已经是消失得无影无踪。（图3-86）

"天下熙熙，皆为利来；天下攘攘，皆为利往。"（《史记·货殖列传》）

但有关谋生与利益的实现，终归是应该要取之有道！

图3-86_"高考报名"

●延伸与拓展

一、知识点击

普来特美术学院[Pratt Institute]

普来特美术学院位于美国纽约，成立于1887年，距今已有一百余年的历史，是世界著名的艺术、设计和建筑学校之一，许多有影响力的艺术家、设计师和建筑家皆出自于此。

普来特美术学院所提供的本科与研究生课程涉及艺术、设计、建筑、写作以及图书馆和信息科学领域。

普来特美术学院的使命在于——如其所言——培养有责任感的并能为社会作出贡献的艺术家和创意专业人才。

二、思考练习

请仔细阅读如下一篇报道，并作相关的思考与阐述。

考试门槛高就业压力大艺考热回归理性

中广网北京3月30日消息（记者姜文超）据中国之声《新闻纵横》7时37分报道，艺考在很多人的眼中，曾经是通往大学的捷径。但现如今，随着艺考政策的变化和社会就业压力的增加，使得"艺考"成为一把双刃剑。近十年来我国开设艺术专业类的院校从几十所增加到1400所。一些文化课较差的学生转考艺术院校，短期虽能达到升学的目的，但抹杀了艺术教育的本质意义，艺考热让很多的学生为了借助于高考的优惠政策而介入艺术，这无疑是艺术教育资源的巨大浪费。那么，在尊重艺考发展规律的同时应该如何理性看待"艺考"？

临沂高三学生小鹏在结束了自己最后一场考试后，得到的不是轻松，而是茫然。他告诉记者，自己从去年9月份开始学习播音主持，至今已经考了八个学校，车费、吃住、报名再加上辅导班的费用，高达两万多，这对于务农的父母来说实在是一笔巨款。最关键的是他本人并不是因为喜欢才选择这个专业，而是因为自己文化课成绩太差，在老师和学校的建议下改学艺术。

小鹏说："有很多同学都是老师考虑到成绩不好，建议我们改学艺术的，成绩好的除非是很喜欢，不然不会学的。"

像这种迫于各方面压力而加入艺考大军的现象十分普遍，潍坊一名考生告诉记者，在他们学校，成绩差的学生参加艺考向来是一条捷径，不仅能让学生顺利考进大学，也让学校的升学率大大提升。潍坊一名带学生赶考的毛老师直言不讳地说："我们班还好点，有的班40名以后的全部划到美术班，不学美术他们考不上大学啊。"

山东艺考生鼎盛时期达16万人，今年依然有90654人加入到这个浩浩荡荡的队伍中来。热情高涨的考生有没有理性地思考过进入大学之后的情形呢？作为一个过来人，毕业于平面设计专业的孙青深有感触，他说："很多学校只要你去考它就给你发证，但它实际很烂，本来我们艺术生就业面就很狭窄，从好的艺术学校学到东西还好点。"

遍览各大事业单位、公司企业的招聘简章，艺术专业毕业生能选择的范围相对于普通文理科生来说要狭窄得多。常年开办播音主持专业辅导班的盖老师告诉记者："一般来说艺术类毕业生的就业率比其他专业的要低，这几年就业的大环境不好，所以相对更差一些了。"

近些年，艺术类专业的大量开设和生源质量下降是导致艺术生就业压力增加的直接原因。据统计，近十年来我国开设艺术专业类的院校从几十所增加到1400所。有关专家认为一些文化课较差的学生转考艺术院校，违反了艺术教育的规律，短期虽能达到升学的目的，但抹杀了艺术教育的本质意义，艺考热让很多学生为了借助于高考的优惠政策而介入艺术，这无疑是艺术教育资源的巨大浪费。所以，艺考应该降温，使资源优化并集中于有潜质的受教育者，也能给艺术带来福音。山东师范大学艺术系教授邹光平说："从这几年的扩招来看，对教学质量的影响是很大的，本来一个教室能坐十到十五个人，教师和学生可以面对面交流研究，现在基本上做不到。"

针对艺术专业招生泛滥的情况，2009年，教育部对一批"山寨"艺术专业进行了清理，最终确定222所高校的313个非艺术本科专业可继续按艺术类专业招生，2010年起，社会工作等11种专业正式退出艺考。同时，教育部规定2010年各省级招办划定的艺术类本科录取控制分数线不应低于本省（区、市）确定的第二批次普通本科录取控制分数线的65%，与2009年相比能高20多分。这意味着，艺术生的竞争将更加激烈，同时也给想通过"半路出家"学艺术，从而进入大学的考生泼了一盆冷水。虽然有个词叫做"青春无悔"，但是面临双重压力，小鹏不禁感叹道："人家在教室学习的时候我们到处去考试。毕业后我们还是要到处跑。文化课比以前难考，总之是有点后悔。"

除了就业困难和文化课要求提高之外，艺考的另一降温剂就是2009年开始实行的联考制度，多个学校联合阅卷，各个高校老师不同的偏好造成了某种程度上的不公平。一个很典型的例子就是2009年报考山东师范大学的一名考生专业课成绩高达280分，因文化课成绩落榜，今年再考，专业课成绩竟然不及格，这使得他最终决定改学文科。山东师范大学艺术系教授邹光平预测说："大家一直在估计三五年之后美术的考生会相对更多。"

基于以上种种因素，艺考已经从捷径变成了独木桥，2009年山东省艺术类高考的录取率仅为约54.8%，比山东省58%的高考录取水平数字整整低了3.2个百分点，艺考降温是自然而然的趋势。

从今年艺考报考类别看，传统艺术类中的美术、音乐类有所减少，不过山东省其他类艺术生却有所增加，如文学编导类就比去年增加了3000多人。哪怕有种种顾虑，小鹏还是选择了艺考，可见对艺考的理性思考远远没有超过大学校门的诱惑。事实上当前对艺考的理性思索不应该仅仅停留在人数这样一个层面上，而应当将目光投向艺考背后的细节，如邹教授所说："社会的普及教育应该分别对待，一种是教育类师范学校；另外一种就是纯艺术，像艺术学院那样专门培养艺术人才，人数毕竟还是少。"

可见，艺考降温也不能一以概之，必须加强相关部门和各个环节之间的配合，使之有轻有重，从高考到就业都能造福学子。同时我们也给面临高考的学生提个醒，一定要在尊重艺考发展规律的同时理性看待艺考、选择艺考。

来源：中国广播网 责编：侯莉

（http://china.cnr.cn/newszh/yaowen/201003/t20100330_506220213.html）

三、学习研究

拥有"全国文化产业（美术）示范基地"、"中国民间文化艺术之乡"等多项称号的王公庄村有1300多乡民，其中700多人是靠画虎致富的。在这里，夫妻画家、父子画家、姐妹画家，甚至三代同堂的画家比比皆是。一个村带动了河南、山东两省周边数以千计农民从事画虎，常年学画的学生就有四五百人。2009年，仅王公庄村就销售了6万多幅画，产值达到3200万元，30%的"老虎"销到亚欧国家和港澳台地区。"一张画十亩粮，骑着老虎奔小康"已成为当地的真实写照。

孟津县平乐村因公元62年东汉明帝为迎接西域入贡飞燕铜马筑"平乐观"而得名，依托厚重的历史文化和悠久的牡丹文化优势，牡丹画产业不断发展壮大，被誉为"中国牡丹画第一村"。如今，投资3800余万元的"中国平乐农民牡丹画文化创意产业园区"项目已开工建设。村中小到几岁的孩子，大到80多岁的老妪，有600余人专业从事牡丹绘画，拥有专业画室200多个、画廊30多家，具备一定创作水准的牡丹画师有100多名，有国家、省、市级画院、美协会员20多名，年均创作生产牡丹画10万幅，销售收入超过900万元。

（张慧芹：《中国文联、中国美协文化考察团赴河南指导农民绘画》）

"一张画十亩粮，骑着老虎奔小康"，此一"真实写照"，对于当前我国广大农村地区的美术教育实践是否可以有所启发呢？请作相关的研究与探讨。

四、相关文献

1.潘鲁生. 设计艺术教育笔谈. 济南：山东画报出版社.

2.http://www.pratt.edu/

结 语
References

没有结束的结束——走向全面综合与平衡的美术教育

　　一般说来，当我们试图描述一段历史的同时，往往也就意味着我们需要作出许多与之相关的选择与判断，而作出这些选择与判断的一个主要依据，则是来自于"时间"，所谓"时间可以证明一切"。

　　因其如此，当我们所要描述的历史离我们所处的时代越近，存在于我们心中的那一份忐忑与不安就会越强，因为作为描述者，我们所要描述的历史距离我们所处时代的远近将直接影响到我们可以从"时间"那儿所获得的帮助与支持的多少，愈远愈多，愈近愈少。(图1)

　　就仿佛贡布里希[E. H. Gombrich, 1909—2001]笔下那些不幸与凡·高[Vincent van Gogh, 1853—1890]、塞尚[Paul Cezanne, 1839—1906]和高更[Paul Gauguin, 1848—1903]生活于同一时代的艺术批评家们，至今我们仍然无法完全了解和明白确认——究竟是谁正在或将要创造我们这个时代的历史？尽管，我们今日"匆匆"之下作出的某些"预言"，其准确的程度可能会要稍稍高出那些生活于19世纪90年代年代的可怜人儿们。[①] (图2、图3、图4)

　　那么，关于我们身边所正在发生和将要发生的历史，譬如当代美术教育实践的状况与展望，我们又是否可以或者说可能作出一些怎样的描述呢？

图1_贡布里希　　　　　　　图2_凡·高　　　　　　　图3_塞尚　　　　　　　图3_高更

---

① 注：贡布里希的原文如下：

"人们写航空史大概能一直写到当前，写艺术史能不能也'一直写到当前'呢？许多批评家和教师都指望而且相信人们能够做到。我却不那么有把握。不错，人们能够记载并讨论那些最新的样式，那些在他写作时碰巧引起公众注意的人物。然而只有预言家才能猜出那些艺术家是不是确实将要'创造历史'，而一般说来，批评家已经被证实是蹩脚的预言家。可以设想一位虚心、热切的批评家，在1890年试图把艺术史写得'最时新'。即使有天底下最大的热情，他也不可能知道当时正在创造历史的三位人物是凡·高、塞尚和高更：第一个是一位古怪的中年荷兰人，正在法国南部孜孜不倦地工作；第二个是一位衣食无忧的退隐绅士，久已不再把作品送去参加展览了；第三位是一位证券经纪人，年岁较大时才成为画家，不久就远去南太平洋。与其说问题在于我们的批评家能不能欣赏那三个人的作品，倒不如说问题在于他能不能知道有那么三个人。"

参见[英]贡布里希. 范景中, 译. 林夕, 校. 艺术发展史——"艺术的故事". 天津：天津人民美术出版社, 1998: 332.

卡尔·波普[Karl Popper, 1902—1994]在其《历史决定论的贫困》一书中曾经说道：

"从科学实用价值的观点来看，科学预测的重要性是明明白白的。然而，人们却始终没有意识到科学预测可分为两类，因而也有两种不同的实用价值。我们可预测（a）台风的到来，这种预测可以有极大的实用价值，因为它使人们及时躲进避风处；但是我们也可以预测（b）如果要建立躲避台风的避风处，它一定采用某种建筑形式，例如在它的北面采用钢筋混凝土撑墙等等。"①

卡尔·波普将第一种预测称之为"预言"，因为"我们被告知了一个无法防止其发生的事件。……它的实用价值在于警告我们将发生所预测的事件，以使我们能够避开它或做好对付它的准备（可能借助其他预测）。"②第二种预测则被卡尔·波普称之为"技术预测"，"因为这类预测是工程的依据。可以说，它们是建设性的，表示我们若要达到某些结果我们要采取什么步骤"。③

图5_卡尔·波普

在卡尔·波普看来，虽然两类预测（"预言"与"技术预测"）"都是重要的，都实现了古老的梦想"。但在这两类"迥然不同"的预测背后，④却可能潜在着两种不同的态度与方法乃至结果。一种是所谓"历史决定论"[Historicism]的态度与方法，一种则是所谓"渐进技术"[Piecemeal Technology]的态度与方法。

联系当代美术教育实践的状况与展望，我们似乎很难并且也没有必要去作出某种"预言"，因为"人类历史的进程受人类知识增长的强烈影响。……我们不可能用合理的或科学的方法来预测我们的科学知识的增长。……所以，我们不能预测人类历史的未来进程"。⑤但是，我们却不妨尝试并作出某种"技术预测"。

让我们先来回顾一段不太遥远的历史。

始于20世纪60年代，出于对之前态势的不满和反动，在美国的美术教育领域内，曾经渐渐生发出一个"以学科为基础的美术教育[Discipline-Based Arts Education（DBAE）]"学派。"DBAE"学派的最初目标在于——改变美术学科在学校教育体系中的边缘地位与无足轻重的尴尬境遇，强调美术是一门自主的学科，有其独特的价值奉献、知识范畴与思维方式。

通过一系列的变革与努力，特别是20世纪80年代开始，经由保罗·盖蒂信托基金会[the J.Paul Getty Trust]的积极介入与大力支持，"DBAE"学派可谓是获得了相当广泛的影响与成功，其所创设的美术学科体系具体包括以下四个学习领域：美术创作[arts production]、美术史与文化[arts history and culture]、美术批评[criticism]、美学[aesthetics]。

延至20世纪90年代晚期，关于"DBAE"学派的理念与主张，却是渐起批判之声，其中最主要的意见集中于——"DBAE"学派的实践虽然极大提升了美术学科于学校教育体系中的地位，凸显了美术学科本体的价值与作用，但其对美术学科知识领域的维护，强调专家式的表现与普遍适用的教学方法，却是容易导致美术学科本质中所包含其他文化元素的缺失以及对诸如社会

① [英]卡尔·波普. 杜汝楫，邱仁宗，译. 历史决定论的贫困. 北京：华夏出版社，1987：33.
② [英]卡尔·波普. 杜汝楫，邱仁宗，译. 历史决定论的贫困. 北京：华夏出版社，1987：33.
③ [英]卡尔·波普. 杜汝楫，邱仁宗，译. 历史决定论的贫困. 北京：华夏出版社，1987：33.
④ [英]卡尔·波普. 杜汝楫，邱仁宗，译. 历史决定论的贫困. 北京：华夏出版社，1987：33.
⑤ [英]卡尔·波普. 杜汝楫，邱仁宗，译. 历史决定论的贫困. 北京：华夏出版社，1987：1.

文化背景差异、美术与社会生活的联系等方面问题的忽略。

于是——作为一种务实的改变——伴随着一项被命名为"通过艺术挑战转变教育[The Transforming Education Through the Arts Challenge(TETAC)]"的计划，新一代"DBAE"学派，又被称之为"综合的美术教育[comprehensive arts education (CAE)]"学派因应而生，在此前的基础之上，"CAE"学派重申了美术学科学习实践的综合性、包容性以及与其他学科学习实践发生联系的潜在可能性与必要性。

从"DBAE"到"CAE"，这一反一正间，我们可以获得的认知是什么呢？

首先，那便是当代的美术教育实践正在逐渐摆脱和摒弃过去那种非左即右，固执于一点的单一思维模式与行事方式，而愈来愈倾向于一种全面综合与平衡的状态，在这个意义上，一个旧的阶段正在结束，一个新的阶段已经开始；其次，倘若从长远发展的观点来看，或者说从"技术预测"的立场出发，如果我们能够始终坚持这样一种实事求是，追求并贯彻某种全面综合与平衡状态的策略，那么，我们的美术教育事业无疑会有一个更加美好的明天，虽然前行的征途仍会是荆棘满布，曲折而反复。

"渐进工程师，例如苏格拉底，知道他的知识多么少。他知道我们只能从我们的错误中学习。因此，他将一步一步地走，仔细地把预想的结果同已取得的结果相比较，警惕改革中难免出现的不利后果。"①

我们可能无数次地达到平衡，但因应不同的情境与变化，我们亦可能需要同样无数次地去找寻并获得下一个平衡。

是之所谓：没有结束的结束——走向全面综合与平衡的美术教育。

---

① [英]卡尔·波普.杜汝楫，邱仁宗，译.历史决定论的贫困.北京：华夏出版社，1987：52.

图片出处

References

图1　http://upload.wikimedia.org/wikipedia/commons/6/65/B.Croce.jpg

图2~图4北京卓群数码科技有限公司　《中外艺术百科全书——世界经典绘画》，北京：中国青少年电子音像出版社出版。

图5　本书著者

图6　http://www.art-ba-ba.com/UpFile/UpAttachment/200982541196466.jpg

图7　http://www.netspeed.com.au/cr/theartofkula/images/4_14.jpg

图8　http://www.netspeed.com.au/cr/theartofkula/images/9_33.jpg

图9　http://www.tonhendriks.nl/SCIENTISTS/slides/Ernst%20Gombrich.jpg

图10　http://www.photos-galeries.com/wp-content/uploads/2008/12/van_gogh.jpg

图11　http://www.rankopedia.com/CandidatePix/32878.gif

图12　http://de.academic.ru/pictures/dewiki/112/paul_gauguin_111.jpg

图13　http://www.buecher-wiki.de/uploads/BuecherWiki/popper.jpg

图1-1　http://mi9.com/datawallpapers/data/22/4243/Pyramids_20Giza_20Egypt/pyramids-giza-egypt_1680x1050.jpg

图1-2　http://mi9.com/datawallpapers/data/22/4144/Temple_20of_20Ramesses_20II_20Abu_20Simbel_20Egypt/temple-of-ramesses-ii-abu-simbel-egypt_1680x1050.jpg

图1-3　http://www.netspeed.com.au/cr/theartofkula/images/9_33.jpg

图1-4　http://www.iq365.com/shop/upload/pic/article/19a/37063_2310492_12.jpg

图1-5　http://www.open.ac.uk/cpdtasters/ga060/taster_hunting/hun_big_.jpg

图1-6　http://www.egyptarchive.co.uk/images/louvre_museum/55_louvre.jpg

图1-7　http://www.egyptarchive.co.uk/images/louvre_museum/57_louvre.jpg

图1-8　http://www.egyptarchive.co.uk/images/louvre_museum/58_louvre.jpg

图1-9　http://www.egyptarchive.co.uk/images/louvre_museum/54_louvre.jpg

图1-10　http://www.egyptarchive.co.uk/images/louvre_museum/53_louvre.jpg

图1-11　http://www.egyptarchive.co.uk/images/louvre_museum/52_louvre.jpg

图1-12　http://www.kevinalfredstrom.com/art/d/675-2/INGRES_Study_for_Phidias_in_Apotheosis_of_Homer_c1827_SMA__04.jpg

图1-13　http://upload.wikimedia.org/wikipedia/commons/3/3e/1868_Lawrence_Alma-Tadema_-_Phidias_Showing_the_Frieze_of_the_Parthenon_to_his_Friends.jpg

图1-14　http://www.aeria.phil.uni-erlangen.de/photo_html/portrait/griechisch/denker/platon/plato2.jpg

图1-15　http://www.pima.gov/publicdefender/Assets/Images/Misc%20Images/Paintings/socrates.jpg

图1-16　http://img3.artxun.com/forumimg/46/46a29cfab1e687603aeb2ef8089d4bc2.jpg

图1-17　http://img3.artxun.com/forumimg/2e/2eea0c0106a2b27a439be0c2b2191751.jpg

图1-18　http://img3.artxun.com/forumimg/02/024e2dfef614b17c4545b82af73c54e4.jpg

图1-19　http://www.yikucn.com/bbs/attachments/month_0911/0911021137f54f69d71d0cec9c.jpg

图1-20　http://www.yikucn.com/bbs/attachments/month_0911/091102113781a348e058368e1a.jpg

图1-21　http://www.8mhh.com/uploadfile/huihua/qinhan/004/036.jpg

图1-22　http://www.8mhh.com/uploadfile/huihua/qinhan/004/033.jpg

图1-23　http://igt.com.tw:3000/upload/pattern/160/20070219181339.jpg

图1-24　http://www.historylink101.com/art/Sandro_Botticelli/images/06_St_Augustine_jpg.jpg

图1-25　http://racer.kb.nl/pregvn/MIMI/MIMI_74G34/MIMI_74G34_014V_015R.JPG

图1-26　http://racer.kb.nl/pregvn/MIMI/MIMI_MMW_10E3/MIMI_MMW_10E3_019V.JPG

图1-27　http://racer.kb.nl/pregvn/MIMI/MIMI_MMW_10F33/MIMI_MMW_10F33_015V.JPG

图1-28　http://www.wga.hu/art/a/angelico/01/2prado.jpg

图1-29　http://library.wustl.edu/subjects/islamic/MihrabIsfahan.jpg

图1-30　http://upload.wikimedia.org/wikipedia/commons/5/51/Taller_Buddha_of_Bamiyan_before_and_after_destruction.jpg

图1-31　http://www.gongbi.net/bbs/laolu/gudai/nvshizhentu/2008_03.jpg

图1-32　http://www.gongbi.net/bbs/laolu/gudai/nvshizhentu/2008_22.jpg

图1-33　http://www.sdmuseum.com/museum/UserFiles/Image/kexueyanjiu/wenwukaoguyanjiu/010804.jpg

图1-34　http://image.wangchao.net.cn/lvyou/1244395651836.jpg

图1-35　http://pic3.nipic.com/20090713/2975694_100448007_2.jpg

图1-36　http://pic3.nipic.com/20090713/2975694_102250025_2.jpg

图1-37　http://en.academic.ru/pictures/enwiki/85/Uffizi_Giotto.jpg

图1-38　http://www.wga.hu/art/m/michelan/1sculptu/pieta/1pieta1.jpg

图1-39　http://kunst.gymszbad.de/kunstgeschichte/epochen/renaissance/galerie/gozzoli-xl.jpg

图1-40　http://kunst.gymszbad.de/kunstgeschichte/epochen/renaissance/galerie/gozzoli03-xl.jpg

图1-41　http://www.wga.hu/art/z/zuccaro/federico/selfport.jpg

图1-42　http://www.wga.hu/art/v/vasari/1/08selfpo.jpg

图1-43　http://www.mclink.it/assoc/festinalente/comm/did/visite/calendario/2007/img/Carracci.jpg

图1-44　http://www.lombardiabeniculturali.it/img_db/bcsmi/LC080/1/l/7_lc080-7.jpg

图1-45　http://library.thinkquest.org/18291/data/chiostro/media/diabnc/carracci.jpg

图1-46　http://www.sindromedistendhal.com/Mostre%20in%20corso/Foto/Carracci_sez_VIII_05_a.jpg

图1-47　http://www.wga.hu/art/v/vasari/2/11annunz.jpg

图1-48　http://www.bildindex.de/bilder/FMLAC10668_42a.jpg

图1-49 http://upload.wikimedia.org/wikipedia/commons/archive/7/7c/20070825073832!Rigaud_Louis_XIV_1701.jpg

图1-50 http://upload.wikimedia.org/wikipedia/commons/archive/4/44/20060809170634!Colbert_sculpture_par_Coysevox.JPG

图1-51 http://fr.academic.ru/pictures/frwiki/76/Le_Brun_Coysevox_Louvre_MR2156.jpg

图1-52 http://fr.academic.ru/pictures/frwiki/67/Charles_Le_Brun_001.jpg

图1-53 http://images.suite101.com/608639_com_henrysingl.jpg

图1-54 http://vr.theatre.ntu.edu.tw/fineart/painter-ch/huangquan/huangquan-01x.jpg

图1-55 ~图1-57北京卓群数码科技有限公司 《中外艺术百科全书——世界经典绘画》，北京：中国青少年电子音像出版社出版。

图1-58 http://www.99pai.com/upfile/photo/20062949981837.jpg

图1-59 http://static.doyouhike.net/files/2008/10/26/1/1daf5aba0f2912bd7fc6ac682db00035.jpg

图1-60 http://www.99pai.com/upfile/photo/20062948100121.jpg

图1-61 http://vr.theatre.ntu.edu.tw/fineart/painter-ch/giuseppecastiglione/giuseppecastiglione-05x.jpg

图1-62 http://media-2.web.britannica.com/eb-media/40/3740-050-0F4917A2.jpg

图1-63 http://www.manyart.com/d/file/art/guohua/ldha/ldmh/2009/d030b26162062561abe0c19ee876f0c6.jpg

图1-64 http://www.yingbishufa.com/ldhh/img/dongqichang008.jpg

图1-65 http://www.artrenewal.org/artwork/031/31/33071/Ingres_Selfportrait-large.jpg

图1-66 http://www.brown.edu/Courses/CG11/2007/Caitlin_Hackford/Self%20Portrait%20Image.jpg

图1-67 http://upload.wikimedia.org/wikipedia/commons/2/29/Thomas_Gainsborough_Boy_in_blue.jpg

图1-68 http://www.easypedia.gr/el/images/shared/b/b7/Millais_Ruskin.jpg

图1-69 http://www.artrenewal.org/artwork/187/187/13800/the_fountain,_villa_torlonia,_frascati,_italy-large.jpg

图1-70 http://bailey2.uvm.edu/specialcollections/photo-norton.gif

图1-71 http://upload.wikimedia.org/wikipedia/en/7/77/Torryharris.jpg

图1-72 http://www.findagrave.com/photos/2004/35/8358395_1076012799.jpg

图1-73 http://upload.wikimedia.org/wikipedia/commons/d/d5/Horace_Mann_-_Daguerreotype_by_Southworth_%26_Hawes%2C_c1850.jpg

图1-74 http://upload.wikimedia.org/wikipedia/commons/5/5a/James_Abbot_McNeill_Whistler_012.jpg

图1-75 http://www.fengshui-chinese.com/discuz/attachments/forumid_65/04110003_WTE2pEiEtzZ1.jpg

图1-76 http://www.rapeofeuropa.com/i/downloads/himmlerhitler.jpg

图1-77 http://www.monumentsmen.com/rsrc/documents/fullsize/photos/photo2.jpg

图1-78 http://upload.wikimedia.org/wikipedia/en/0/00/EntarteteKunst.jpg

图1-79 http://i33.tinypic.com/2lletyc.jpg

图1-80 http://z.about.com/d/arthistory/1/0/0/q/aonr_dia_09_07.jpg

图1-81 http://z.about.com/d/arthistory/1/0/P/q/aonr_dia_09_08.jpg

图1-82 http://z.about.com/d/arthistory/1/0/Q/q/aonr_dia_09_09.jpg

图1-83 http://z.about.com/d/arthistory/1/0/R/q/aonr_dia_09_10.jpg

图1-84 http://www.anglonautes.com/hist_uk_20_ww2/hist_uk_20_ww2_pic_churchill_lincoln.jpg

图1-85 http://creativetechnology.salford.ac.uk/fuchs/modules/input_output/Cage_Duchamp/images/J_Pollok_working.jpg

图1-86 http://www.gamerevolution.com/images/misc/Image/jackson_pollock.jpg

图1-87 http://ostpolitik.files.wordpress.com/2010/03/stalin-manifesto.jpg

图1-88 http://danamellerio.files.wordpress.com/2010/04/sculpture-blog-31.jpg

图1-89 http://danamellerio.files.wordpress.com/2010/04/sculpture-blog-21.jpg

图1-90 http://www.jonathanmeades.com/joebuilding_pictures/statue.jpg

图1-91 http://upload.wikimedia.org/wikipedia/commons/1/10/Image-UN_Swords_into_Plowshares_Statue.JPG

图1-92、图1-93 全山石《雅勃隆斯卡娅》，济南：山东美术出版社，2008。

图1-94 http://art.m6699.com/upload_files/other/_20100310160312_47834.jpg

图1-95 http://www.lumei.edu.cn/ieindex/xiaoshi/fenye/1938/b014.jpg

图1-96 http://pmgs.kongfz.com/data/pre_show_pic/1/146/075.jpg

图1-97 http://www.lumei.edu.cn/ieindex/xiaoshi/fenye/1938/b013.jpg

图1-98 http://www.cnarts.net/cweb/exhibit/show/yonghengjiyi/works/big/061.jpg

图1-99 http://tds.ic.polyu.edu.hk/ds/cd/02_culture/media/image067.png

图1-100 http://maobo.7x.com.cn/huaji/1/1-27.jpg

图1-101 http://maobo.7x.com.cn/huaji/1/1-85.jpg

图1-102 http://bbs.chinacourt.org/index.php?s=61cd9d85d1b10e5cdeadef88c293eff4&act=Attach&type=post&aid=88037

图1-103 http://www.picturechina.com.cn/bbs/watermark.php?YXR0YWNobWVudHMvZGF5XzA5MDUwMS8wOTA1MDEyMzM5NjhmM2EwMGI2ZjBjZDVmMS5qcGc=

图1-104 http://att.bbs.hsw.cn/day_080420/20080420_a490d230ec923270cff7qc3dE6zQ10eD.jpg

图1-105 http://att.bbs.hsw.cn/day_080420/20080420_2ad32dc3bd1618702aaefyXIbnN6dPFH.jpg

图1-106 http://upload.wikimedia.org/wikipedia/commons/9/95/Petersburgacademy.jpg

图1-107 http://www.conceptart.org/forums/attachment.php?attachmentid=916163&stc=1&d=1267217386

图1-108 http://www.conceptart.org/forums/attachment.php?attachmentid=916165&stc=1&d=1267217442

图1-109 http://upload.wikimedia.org/wikipedia/commons/3/3b/REPIN_portret_REPIN.jpg

图1-110 http://www.columbia.edu/cu/record/archives/vol20/vol20_iss8/record2008.24.gif

图1-111 http://upload.wikimedia.org/wikipedia/commons/a/ae/Ilia_Efimovich_Repin_%281844-1930%29_-_Volga_Boatmen_%281870-1873%29.jpg

图1-112~图1-115 本书著者

图2-1 http://www.amorckids.org/publications/digest/digest1_2009/05_web/!Old_Pythagorean_materials/!ws_04_old/Raphael_School_of_Athens.jpg

图2-2　http://upload.wikimedia.org/wikipedia/commons/1/14/Leonardo_da_Vinci01.jpg

图2-3　http://upload.wikimedia.org/wikipedia/commons/archive/2/22/20071011091119%21Da_Vinci_Vitruve_Luc_Viatour.jpg

图2-4　http://upload.wikimedia.org/wikipedia/commons/0/0f/Michelangelo_Buonarotti.jpg

图2-5　http://www.econ.ohio-state.edu/jhm/arch/david/David_von_Michelangelo.jpg

图2-6　http://www.lib-art.com/imgpainting/2/5/14052-interior-of-the-sistine-chapel-michelangelo-buonarroti.jpg

图2-7　http://upload.wikimedia.org/wikipedia/commons/5/5f/Pantheon.raphael.bust.arp.jpg

图2-8　北京卓群数码科技有限公司　《中外艺术百科全书——世界经典绘画》，北京：中国青少年电子音像出版社出版。

图2-9　http://www.artinvest2000.com/verrocchio_young_david.jpg

图2-10　http://www.gugongworld.com/songdai/images/taibeigugong/pomoxianrenbig.gif

图2-11　http://mslm.org/data/18156/09031213371 3.jpg

图2-12　http://img.urmoco.com/gspa_data/painting/11/1041_show.jpg

图2-13　http://img.urmoco.com/gspa_data/painting/17/1047_show.jpg

图2-14　http://www.guo-hua.com/bbs/attachments/image/chenshizeng/20081228813075077801.jpg

图2-15　http://www.sf108.com/bbs/attachments/forumid_56/16_1357_1.jpg

图2-16　http://upload.wikimedia.org/wikipedia/commons/a/a5/Ni_Zan%27s_portrait_by_Qiu_Ying.jpg

图2-17、图2-18　北京卓群数码科技有限公司　《中外艺术百科全书——世界经典绘画》，北京：中国青少年电子音像出版社出版。

图2-19　http://www.goethezeitportal.de/fileadmin/Images/db/wiss/goethe/schnellkurs_goethe/k_8/goethe_schiller_denkmal_wei.jpg

图2-20　http://de.academic.ru/pictures/dewiki/65/Asmus_J_Carstens.jpg

图2-21　http://upload.wikimedia.org/wikipedia/commons/8/8b/Friedrich_Anton_Freiherr_von_Heynitz_1725_1802_%2801%29.jpg

图2-22　http://www.costumeantique.de/data/kostuem/empire/1815-16_Schadow_Wilhelm_Von_-_Self_Portrait_With_Brother_Rudolph_And_Bertel_Thorvaldsen.jpg

图2-23　http://upload.wikimedia.org/wikipedia/commons/6/69/Peter_von_Cornelius_2.jpg

图2-24　http://portrait.kaar.at/200Deutsche4/images/johann_heinrich_pestalozzi.jpg

图2-25　http://archon.nl.edu/archon/index.php?p=digitallibrary/digitalcontent&id=104

图2-26　http://www.netherfieldschool.co.uk/#/extra-activities/4537160321

图2-27　http://www.netherfieldschool.co.uk/#/extra-activities/4537160321

图2-28　http://collections.carli.illinois.edu/cgi-bin/getimage.exe?CISOROOT=/nlu_kinder&CISOPTR=537&DMSCALE=100.00000&DMWIDTH=600&DMHEIGHT=600&DMX=0&DMY=0&DMTEXT=&REC=16&DMTHUMB=1&DMROTATE=0

图2-29　http://www.sil.si.edu/digitalcollections/hst/scientific-identity/fullsize/SIL14-S005-10a.jpg

图2-30　http://aeiou.iicm.tugraz.at/aeiou.encyclop.data.image.c/c505882a.jpg

图2-31　http://www.kb.nl/dossiers/kerstliederen/Bjz_2001 _pl_003.jpg

图3-40　http://blog.cnw.com.cn/attachments/2009/06/19983_20090616O947281.jpg

图3-41　http://upload.wikimedia.org/wikipedia/commons/2/2d/Liu_Kunyi_LOC_ggbain_03677.jpg

图3-42　http://www.1918.net.cn/hyp/upfiles/images/105_1.gif

图3-43　http://shop.kongfz.com/data/book_pic/1555/1219718096_1_b.jpg

图3-44　http://shop.kongfz.com/data/book_pic/1555/1219718105_3_b.jpg

图3-45　http://www.tulips.tsukuba.ac.jp/limedio/dlam/B1198408/image/page/1.jpeg

图3-46　http://www.tulips.tsukuba.ac.jp/limedio/dlam/B850454/image/page/13.jpeg

图3-47　http://www.tulips.tsukuba.ac.jp/limedio/dlam/B850454/image/page/6.jpeg

图3-48　http://www.tulips.tsukuba.ac.jp/limedio/dlam/B1042795/image/page/65.jpeg

图3-49　http://blog.artron.net/attachment/200909/16/70152_1253084742UCM6.jpg

图3-50　http://b3.ac-images.cdnmyspace.cn/cnimages01/2/l_9685931a3d8e72b1e23f37ff6e0e3093.jpg

图3-51　http://bbscache.artron.net/day_100403/1004031917bfb7ceeee5a89a83.jpg

图3-52　http://bbscache.artron.net/day_100403/100403184230a0555a941a7fb0.jpg

图3-53　http://bbscache.artron.net/day_100403/1004031834d830533bb2a7ea87.jpg

图3-54　http://bbscache.artron.net/day_091109/0911091951O973777ddf91ff18.jpg

图3-55　http://hahn.zenfolio.com/p1067231941/h1921546#h1921546

图3-56　http://hahn.zenfolio.com/p1067231941/h1b970349#h1b970349

图3-57　http://hahn.zenfolio.com/p1067231941/h305aa2ca#h305aa2ca

图3-58　http://hahn.zenfolio.com/p1067231941/h43f3e04#h43f3e04

图3-59　http://hahn.zenfolio.com/p1067231941/hbd3fcef#hbd3fcef

图3-60　http://hahn.zenfolio.com/p1067231941/hab054df#hab054df

图3-61　http://upload.wikimedia.org/wikipedia/commons/f/f9/Bauhaus-Dessau_main_building.jpg

图3-62　http://blog.uncovering.org/archives/uploads/2006/061018-professores-bauhaus.jpg

图3-63　http://www.yatzer.com/assets/Image/2009/august/modell_Bauhaus/Bauhaus_A-Conceptual-Model_
The_Exhibition_Berlin_at_yatzer_1.jpg

图3-64　http://gogermany.about.com/gi/o.htm?zi=1/XL&zTi=1&sdn=gogermany&cdn=travel&tm=22&gps=57_1
36_1007_397&f=00&su=p531.51.336.ip_&tt=3&bt=0&bts=0&zu=http%3A//0.tqn.com/d/gogermany/1/0/D/3/-/-/10-
Bauhaus-Plakat-1923.jpg

图3-65　http://www.yatzer.com/assets/Image/2009/august/modell_Bauhaus/Bauhaus_A-Conceptual-Model_
The_Exhibition_Berlin_at_yatzer_10.jpg

图3-66　http://www.yatzer.com/assets/Image/2009/august/modell_Bauhaus/Bauhaus_A-Conceptual-Model_
The_Exhibition_Berlin_at_yatzer_4.jpg

图3-67　http://www.yatzer.com/assets/Image/2009/august/modell_Bauhaus/Bauhaus_A-Conceptual-Model_
The_Exhibition_Berlin_at_yatzer_8.jpg

图3-68　http://www.yatzer.com/assets/Image/2009/august/modell_Bauhaus/Bauhaus_A-Conceptual-Model_
The_Exhibition_Berlin_at_yatzer_9.jpg

参考文献
References

1.[英]赫·斯宾塞.胡毅,译.教育论.北京: 人民教育出版社,1962.

2.[古希腊]柏拉图.朱光潜,译.文艺对话集.北京: 人民文学出版社,1963.

3.[德]康德.宗白华,译.判断力批判·上卷.北京: 商务印书馆,1964.

4.[英]亚当·斯密.郭大力,王亚南,译.国民财富的性质和原因的研究·下卷,北京: 商务印书馆,1974.

5.中国社会科学院外国文学研究所.七十年代社会主义现实主义问题——苏联关于"开放体系"理论的讨论.北京: 中国社会科学出版社,1979.

6.[意]贝奈戴托·克罗齐.[英]道格拉斯·安斯利,英译.傅任敢,译.历史学的理论和实际.北京: 商务印书馆,1982.

7.文艺美学丛书编辑委员会.蔡元培美学文选.北京: 北京大学出版社,1983.

8.[德]席勒.徐恒醇,译.美育书简.北京: 中国文联出版公司,1984.

9.[英]卡尔·波普.杜汝楫,邱仁宗,译.历史决定论的贫困.北京: 华夏出版社,1987.

10.张连,古原宏伸.文人画与南北宗论文汇编.上海: 上海书画出版社,1989.

11.[奥]克里斯,库尔茨.邱建华,潘耀珠.艺术家的传奇.杭州: 中国美术学院出版社,1990.

12.毛泽东.在延安文艺座谈会上的讲话.毛泽东选集第三卷.北京: 人民出版社,1991.

13.[美]E.希尔斯.傅铿,吕乐,译.论传统.上海: 上海人民出版社,1991.

14.[美]罗恩菲德.王德育,译.创造与心智的成长.长沙: 湖南美术出版社,1993.

15.[英]赫伯·里德.吕廷和,译.通过艺术的教育.长沙: 湖南美术出版社,1993.

16.[英]贡布里希.范景中,译.艺术发展史——"艺术的故事".天津: 天津人民美术出版社,1998.

17.陈衡恪.文人画之价值.郎绍君,水天中,编.二十世纪中国美术文选·上卷.上海: 上海书画出版社,1999.

18.朱朴.林风眠艺术随笔.上海: 上海文艺出版社,1999.

19.俞剑华.中国古代画论类编.北京: 人民美术出版社,2000.

20.[美]阿瑟·艾夫兰.邢莉,常宁生,译.西方艺术教育史.成都: 四川人民出版社,2000.

21.[英]鲍桑葵.张今,译.美学史.桂林: 广西师范大学出版社,2001.

22.[英]弗兰克·惠特福德.林鹤,译.包豪斯.北京: 三联书店,2001.

23.张光直.郭净,译.美术、神话与祭祀.沈阳: 辽宁教育出版社,2002.

24.[德]佩夫斯纳.陈平,译.美术学院的历史.长沙: 湖南科学技术出版社,2003.

25.袁熙旸.中国艺术设计教育发展历程研究.北京: 北京理工大学出版社,2003.

26.[意]乔治·瓦萨里.刘明毅,译.著名画家、雕塑家、建筑家传.北京: 中国人民大学出版社,2005.

后记 Postscript

计划写作本书之初，并未曾想到会要经历一个如此漫长而艰辛的过程，及至终稿，心中忐忑之余不禁感慨——以自己才识的疏浅与孤陋，面对任何历史，原本都不应有丝毫的轻视和怠慢之心的。

就仿佛之前的每一次努力，此次的写作，亦是离不开身旁家人和诸多良师益友无微不至的关照与热情相助，对此，自己的感恩与感激之情已是难以言表，唯有铭记在心，以为他日回报。

需要说明的是——本书中所引用图例，其中大部皆来自于互联网络，信息时代资讯收集与浏览的便捷，让人常常会有"虽足不出户，却可纵观寰宇"的美妙体验。希望能够借助于本书的出版，对于书中所引用图例及相关资料的拥有者和提供者表达自己最由衷的敬意与最深切的谢意！

此外，本书的写作还得到了"湖南师范大学社会科学青年学术骨干培养计划"的资助与支持，从1992年入校就读，到1999年毕业留校任教至今，将近二十年来，源于母校的培养和鼓励一直是自己前行的动力与依靠。

最后，真诚地感谢本书的每一位读者，谢谢！

图书在版编目（CIP）数据

美术教育史 / 冯晓阳编著. —长沙：湖南美术出版社，2011.5
普通高等学校美术学（教师教育）本科课程教材
ISBN 978-7-5356-4432-9

Ⅰ.①美… Ⅱ.①冯… Ⅲ.①美术－教育史－世界－高等学校－教材 Ⅳ.①J-4

中国版本图书馆CIP数据核字(2011)第074002号

普通高等学校美术学（教师教育）本科课程教材

美术教育史

编　　著：冯晓阳

责任编辑：陈秋伟　严　威

特约编辑：谭冀俊

装帧设计：陈秋伟　文　波　谭冀俊

出版发行：湖南美术出版社（长沙市东二环一段622号）

经　　销：湖南省新华书店

制　　版：嘉伟文化 JARL.V CULTURE

印　　刷：长沙市天涯彩印包装有限公司（长沙市营盘路文星桥1号）

开　　本：889X1194　1/16

印　　张：9

版　　次：2011年5月第1版　　2011年5月第1次印刷

书　　号：ISBN 978-7-5356-4432-9

定　　价：48.00元